O.W. FISCHER
Seine Filme – sein Leben

von DORIN POPA

Originalausgabe

WILHELM HEYNE VERLAG
MÜNCHEN

HEYNE FILMBIBLIOTHEK
Nr. 32/111

Herausgeber: Bernhard Matt

Redaktion: Cornelia Zumkeller

Copyright © 1989 by Wilhelm Heyne Verlag GmbH & Co. KG, München
Umschlagfoto: Archiv Dr. Karkosch, Gilching
Rückseitenfoto: Archiv Dr. Karkosch, Gilching
Innenfotos: Süddeutscher Verlag, Bilderdienst, München; Interfoto München;
Bildarchiv Engelmeier, München; Deutsches Institut für Filmkunde, Frankfurt;
Archiv Dr. Karkosch, Gilching; Stiftung Deutsche Kinemathek, Berlin;
Archiv des Autors, München.
Umschlaggestaltung: Atelier Ingrid Schütz, München
Printed in Germany 1989
Satz: Fotosatz Völkl, Germering
Druck und Verarbeitung: Ebner Ulm

ISBN 3-453-00124-9

Inhalt

Einleitung 7
Herr der kleinen Welt 12
Die Fron der Seriosität 17
Im Zeichen des Hakenkreuzes 21
Und es begab sich 40
Flimmernder Rausch 75
Das Heim von tausend Rätseln 145

Filmographie 155
Fernsehspiele 224
Weitere Fernsehauftritte 229
Auswahl der Bühnenrollen 231
Schallplatte 238
Auszeichnungen 238
Bibliographie 238
Film- und Dramenregister 244
Personenregister 248

DANKSAGUNG

Für ihre Unterstützung bei den Recherchen dankt der Autor Astrid Buhr, Ejo Eckerle, Christiane Heinrich, Nartano Jacobsen, Ferenc Komaromi jr., Marion Limmer, Dinu Popa und Wolfram Tichy.

Einleitung

»Rebell, ich nehm's als Ehrentitel.
So nennen die Leute jeden, der weiter denkt als sie.«

Erzherzog Johanns große Liebe

Opas Kino war Jahrzehnte tot, und er ward auch schon lang nicht mehr gesehen. Während seine Kollegen es mit den Neuen Deutschen Filmern vor der Kamera trieben oder sich Derricks misanthropischen Fernsehverhören aussetzten, gab es ihn nie im Ausverkauf. Seine letzten Vorträge in Hörsälen und auf Bühnen waren Vergangenheit, seine Ära als publikumswirksamer Star der fünfziger Jahre war es noch viel mehr. Auf Sammlerbörsen florierte der Devotionalienhan-

O. W. Fischer – frischwärts in die achtziger Jahre.

del, und die intellektuelle Filmkritik geißelte die »Biederkeit« und den »veralteten Idolglanz« des »Alkoholikers«. Die Filme eines Lebens füllten die Zombie-Nischen von SAT 1, dem ORF und den Dritten Programmen.
Da betritt ein Herr die Bühne der achtziger Jahre, in dunklem Anzug, mit Perlmuttknöpfen, weißem Schal und silbergrauem Spitz- und Schnurrbart, und fragt kokett: »Sind hier alle gegen mich?« O. W. Fischer ist aus seiner Tessiner Klause zurückgekehrt, nimmt uns bei der Hand und führt uns zurück in die Zukunft. Mit dem Charme eines Grandseigneurs und der Weisheit eines Meisters setzt er zu einem Exkurs in die Vergangenheit an. In Talkshows, Büchern, Lesungen und Interviews offenbart er ein ganzheitliches Weltbild, das begierig aufgenommen wird. Die Menschen diskutieren seine Reinkarnationsideen, ein Zeitgeist-Magazin bittet ihn um vegetarische Rezepte, und was ihn einst gänzlich der Lächerlichkeit preisgab, reflektiert heute das Bewußtsein einer neuen Welt.
Mit O. W. Fischer ist ein Künstler zurückgekehrt, dessen vielbeschriene Rollenauswahl und -gestaltung in neuem Licht erscheint. Offensichtliches Beispiel: Im Jahre 1955 verfilmt Fischer das Leben des Hellsehers Hanussen und sieht sich sofort der einstimmigen Schelte ausgesetzt, er würde den skrupellosen Nazimitläufer als sympathische hellseherische Begabung zeichnen. Dreiunddreißig Jahre später dreht Klaus Maria Brandauer ein Remake, das der »Abendzeitung« reine Flötenklänge entlockt: »Hanussen als Mensch, der im Zusammenspiel von Zeit, Gesellschaft und Charakter seine Entscheidung treffen muß. Er widersteht, um sich selbst treu zu bleiben, gefahrlosem Opportunismus und Untertanengeist. Er stirbt.«
Mitten in der Nierentisch- und Adenauernostalgie der achtziger Jahre repräsentiert O. W. Fischer die andere, gefühlvolle Facette der Nachkriegszeit, wo Emotionen keineswegs nur in eskapistischen Schnulzen gebunden waren, sondern als Reizmittel lebenswichtige soziale Funktionen übernahmen. Das Kino der fünfziger Jahre war – wie eigentlich immer vor unserer Fernsehgeneration – gesellschaftlicher Treffpunkt. Nach dem ungarischen Volksaufstand 1956 änderten die großen Pu-

Ein Tatmensch, der sich nie treiben ließ.

blikumskinos in der Bundesrepublik ihr Programm zugunsten von Benefizveranstaltungen, Fanclubs adoptierten Flüchtlingskinder, und O. W. Fischers Rolle in *Menschen im Hotel* verwandelte sich in ein Flüchtlingsschicksal. Weite Kreise der Bevölkerung engagierten sich und fanden in der Traumfabrik Bestätigung dafür. Heutzutage moderiert Amelie Fried eine AIDS-Gala im ZDF, in der *Lindenstraße* spielt ein Vietnamese mit, und der Zuschauer vegetiert in distanzierter Konsumhaltung. O. W. Fischer, der sich nie treiben ließ, sondern stets Treiber war, muß dies weh tun.

»Die Intelligenzbestie der Leinwand« (»Quick«) stand niemals über den Menschen und Ereignissen ihrer Zeit. Was als

Arroganz und Desinteresse diffamiert wurde, war nur eine umfassende Souveränität im Umgang mit anderen. Seine vielgerühmte Genialität relativiert er durch die Behauptung, »daß es nichts auf der Welt gibt, was nicht genial ist«. Äußere Schönheit ist ihm suspekt. Der Erfolg eines Filmschauspielers beruht für ihn nicht darauf, daß sein Gesicht photogen ist – seine Seele muß es sein. Und mit Leib und Seele füllt er die Rollen aus, die er wie kaum ein zweiter vom Entwurf bis zur letzten Schnittfassung zu kontrollieren sucht. O. W. Fischer war nie der bestverdienende, nie der eleganteste, ja nicht einmal der kassenträchtigste deutschsprachige Schauspieler. Er war für die rekordverdächtige Machtfülle im schöpferischen Entstehungsprozeß eines Filmes zuständig.

»Ich mag kein Typ sein. Wenn ich ins Atelier komme, will ich nicht nur spielen. (...) Ich möchte einen Charakter sichtbar machen, Hintergründe, Zusammenhänge. Ich möchte durch die Maske das wahre Gesicht schimmern lassen – nicht meines, sondern das des Rollenmenschen (...) und seine Seele und sein Schicksal klar werden lassen.« In einem Wechselspiel aus klarer Überlegung und spontaner Eingebung entstehen diese Darstellungen. Eine kurze Meditation, und er zeigt am Drehort in dreißig Anläufen hintereinander dreißig verschiedene Variationen aus dem Bauch heraus. Dreißig Offenbarungen des Ausnahmemenschen, der in jedem Menschen steckt. Die Suche nach Gott, Schuld und Sühne, Liebe und Treue prägen seine sehr deutsche Mischung aus Tatmensch und hintergründigem Charakter. Seine idealistischen, zum Jähzorn neigenden Charaktere spielen ihr ganzes Temperament aus, um Korruption und Unfähigkeit zu bekämpfen. Dabei unterscheidet sie oft nur noch eine moralische Rechtfertigung vom Diktator oder *mad scientist*. Denn Demokratie ist für ihn »ein idealer Zustand, aber nicht erreichbar. Zwei Schupos können Einstein nicht überstimmen.« Doch im *Herrscher ohne Krone* schränkt er den absolutistischen Anspruch ein: »Es hat keinen Sinn, eine ganze Menschheit glücklich machen zu wollen, wenn es über den Weg einer zertretenen Seele geschieht.«

Diese Rollen sind sein Beitrag zu einer neuen Welt, einem

neuen Bewußtsein. Sie unterscheiden O. W. Fischer von ähnlich fühlenden Künstlern wie Claude Lelouch oder Shirley MacLaine, die sich und ihre esoterische Gedankenwelt kaum in die Arbeit einzubringen versuchen. Fischer kämpft privat wie auf der Leinwand gegen ein Leben, in dem wir kleben, aber nicht fliegen können. Aus seiner autosuggestiven Vorbereitung im Atelier entwickelt er die das Individuum befreiende Selbsthypnose, die jedem den Zugang zu einer Milliarden Jahre umfassenden Vergangenheit öffnen soll. Er lehrt seine Anhänger, in sich hineinzulauschen und aus der stillen Gesundung einen ewig neuen Lebenssinn, eine beglückende Religiosität zu schöpfen, um dadurch, nur dadurch, den großen Frieden zu finden. »Ich war zeitlebens ein Rebell gegen das ... jetzt hätt' ich beinah' Establishment g'sagt.«

Herr der kleinen Welt

»Meine Eltern waren weder arm noch reich. Der Vater ein Landlehrersohn, die Mutter Bauerntochter. Der Vater, wie später der Bruder, glänzender Jurist, bracht' es zu Titeln und Würde.« In diese niederösterreichische Bauern- und Juristenfamilie wird Otto Wilhelm Fischer am 1. April 1915 hineingeboren. Man feiert Bismarcks hundertsten Geburtstag, weshalb der Junge dem Reichskanzler zu Ehren Otto getauft wird – für das Wilhelm steht der deutsche Kaiser Pate. Der pflichtgestrenge Vater, Dr. Franz Karl Fischer, erst Amtsrat, dann Oberamtsrat, schließlich Hofrat, erwartet von seinen beiden Söhnen eine ähnliche Beamtenlaufbahn. Aber nur

Ottos Bruder Franz, ein Karrierejurist ganz in der Familientradition.

Die Nichte von O. W. Fischer vor den Porträts ihres Vaters Franz und ihrer Urgroßmutter mit dem Großvater und späteren Hofrat Dr. Franz Karl Fischer.

Ottos Bruder Franz (1912–1983) wird dem väterlichen Vorbild folgen und es bis zum Sektionsrat in der Bundesregierung bringen.
Otto Wilhelm schlägt mehr nach der Mutter, Maria Schoerg, in deren Adern das Zigeunerblut eines indischen Großvaters fließt. Von klein auf flackert ein unstetes Verlangen in ihm, das er in den Donauauen, dem Dschungel zwischen Fluß und Stadt, auslebt. Daheim, in Klosterneuburg bei Wien, erdrückt ihn eine Mischung aus Gotik und Spießigkeit, die selbst heute noch kaum Spuren des 20. Jahrhunderts im Stadtbild aufweist. Der Wandertrieb der Mutter läßt die Familie aus der Medekstraße 44 in die Martinstraße 53 umziehen. Dort, in der Unteren Stadt von Klosterneuburg, erlebt

der junge Otto Wilhelm drei Ausnahmebereiche dieser abgestumpften, traditionsbeladenen Stadt. In der Martinstraße versammeln sich Ruhm, Religion und Raserei vor seinen Augen. Die Trapp-Familie ist im Martinsschlößl ihr Nachbar, gegenüber dem Elternhaus beobachtet er die lebensfrohen Augustiner in der Martinskirche. Und weiter unten liegt das Irrenhaus mit den mentalen Opfern des Ersten Weltkriegs. Einige von ihnen haben freien Ausgang und lernen Otto Wilhelm kennen. Das rettet ihm auch das Leben, als er eines Winters in einen wassergefüllten Steintrog fällt und ruhig abwartet, bis ihn ein Irrer aus dem Wasser holt und vor dem Ertrinken rettet.

»Das unruhige Blut der Mutter gab Veranlassung, daß sie mit dem Vater viele Reisen unternahm, die auch in ferne Länder führten, nach Italien, Frankreich, Nordafrika und Nordamerika. An diesen Fahrten nahmen wir Jungen teil, damit die Familie beisammen blieb. So lernte ich frühzeitig die Welt kennen, sah berühmte Stätten, reizvolle Landschaften und konnte Menschen in ihrem so anders gearteten Milieu beobachten. Wenn ich damals auch noch keine kritische Einstellung haben konnte, sondern alles mit unbekümmerten Augen betrachtete, so blieb doch manches haften und formte sich zu starken Eindrücken.«

In jungen Jahren unterhält er bereits die Nachbarmädchen mit Grimassen und läßt sie vor Vergnügen quietschen. In der Schule bleibt der freche Bub mit dem impertinenten Lächeln jedermanns Entertainer. Vom Lehrstoff kriegt er nicht viel mit. Ob in der Langstögergassen-Volksschule oder auf dem Gymnasium, Otto Wilhelm strengt sich kaum an. Ihm ist nichts beizubringen. Die Hausaufgaben erledigt er in der Pause, bei Prüfungen schreibt er ab. »Ich war auch nicht sehr lernfähig. Man hat mir das nie geglaubt. Mir ist manches eingefallen. Wahrscheinlich zu viel – bis heute. Lehrern hörte ich nicht zu. Später auch nicht Regisseuren.« Wozu auch, er ist seines Vaters Sohn und profitiert wie ein kleiner Pascha ungeniert von dessen mächtiger Position in der niederösterreichischen Regierung. »Es war eine gute Zeit. Jeder wußte noch, wo Gott wohnt.« Mit der Pubertät kriegen er und seine Kum-

Die Eltern zu Gast in München.

pane langsam wissende Gesichter und nehmen von der Kindheit Abschied. Die Reifeprüfung findet in den Kinos statt, wo man zu Stummfilmen allerhand treibt, vielleicht sogar mal den Film anguckt. Im Jahre 1930 zieht die Familie in die Wiener Grundlgasse 3, in das Haus über dem Grundlkino.

»Ich hatte schon als Gymnasiast Mordsräusche nach Hause getragen, ich stellte mich vor Kinokassen zu Sittenfilmen auf die Zehenspitzen, um reingelassen zu werden, verkaufte meinen Überrock, um in Nachtlokalen Sekt bestellen zu können, und flötete: Ich küsse Ihre Hand, Madame.« Wenn sich O. W. Fischer jemals wie ein Star fühlte, dann in dieser Zeit als strahlender Schüler und Herr seiner kleinen Welt, wo er die Frauen und Lehrer blendete, ohne viel leisten zu müssen. Nur helfen ihm Protektion und Improvisation nicht durchs Abitur. Mit Hilfe von Beruhigungsmitteln und Spickzetteln überbrückt er die schriftlichen Prüfungen. Beim Kolloquium hat er – wieder unter Medikamenteneinfluß – ein tranceartiges Schlüsselerlebnis. Frei jeder Hemmung läßt er sein Wissen nur so aus sich herausfließen und besteht damit die Prüfung. Er bleibt in Wien und studiert auf der Alma Mater Rudolphina einige Semester Germanistik, Anglistik und Kunstgeschichte. Aber vor allem die Mädchen.

Die Fron der Seriosität

Als Kind war Otto Wilhelm mit seiner Mutter nur zwei- oder dreimal im Theater gewesen. Und seine Qualitäten als Klassenclown wiesen auch nicht auf den späteren Beruf. Den Ausschlag zur Schauspielerei gab das liebe Geld. »Mir kam es vor allem drauf an, rasch Geld zu verdienen, um mit meiner damaligen Braut zusammenbleiben zu können. Sie war es, die mich auf den Gedanken brachte, es beim Theater zu versuchen.« Im Jahre 1935 bricht er sein Studium ab und tritt im Cut zur Aufnahmeprüfung am Wiener Reinhardt-Seminar an. Man nimmt ihn auf, und als Naturbegabung erhält er nach nur drei Monaten Schauspielunterricht – statt der üblichen zwei Jahre – ein erstes Engagement. »Wahrscheinlich hatten die genug von dem kleinen Star. Man degradierte mich zum Jungschauspieler im Theater in der Josefstadt, und es begann die Fron der Seriosität.«
Wie das Reinhardt-Seminar ist auch das Theater in der Josefstadt eine Wiener Dependance des Reinhardt-Konzerns. Max Reinhardt, Begründer des modernen Regiebegriffs und Übervater des deutschen Theaters, war in den zwanziger Jahren berlinmüde geworden. So übernahm und vervollkommnete er die Josefstadt, die die opulenten Bühnenphantasien seines zeitweise zehn Theater umfassenden Imperiums um ein ausgeprägtes Schauspieler-Theater ergänzte, das immer durch das Ensemble und dessen Rollen zu glänzen wußte. Unter dem neuen Fürsten hieß es bei jeder Vorstellung: »Die Schauspieler im Theater in der Josefstadt unter der Führung von Max Reinhardt.« Als O. W. Fischer an die Josefstadt kommt, ist diese Führung am Bröckeln. Sowohl Reinhardt als auch dessen Nachfolger Otto Preminger sind bereits vor den neuen deutschen Machthabern in die Emigration geflohen. Aber an der Josefstadt herrscht 1935 noch Reinhardts Geist, der Fischer für sein Leben prägt. Die Schauspieler stehen im Mittelpunkt, was O. W. Fischer auf seine Weise versteht. Gleich der erste Regisseur schnauzt Fischer an: »Warum machen Sie nicht, was Ihnen gesagt wurde?«

»Weil ich's nicht gut finde!«
»Das haben Sie nicht zu beurteilen.«
»Dann kann ich ja gehen.«
»Bittschön!«
»Dankschön!«
Ähnliche Dispute folgen. Noch klafft ein allzu großer Unterschied zwischen O. W. Fischers Anspruch und seiner Position in der Josefstadt. »Ich wollte nur große Rollen spielen, und wenn ich dann eine kleine Aufgabe durchzuführen hatte und die Vorstellung kam, fühlte ich mich zu schwach für diese kleine Rolle.« Aus dieser Zeit bleiben ihm nur die großartigen Kollegen und der erste Schritt zum Film in positiver Erinnerung.
Den Bühnen jener Zeit verdankt der deutschsprachige Film sehr viel. Unter anderem auch O. W. Fischer. In einem heute nur sehr schwer vorstellbaren Ausmaß arbeiteten die Ensemble-Mitglieder sowohl im Theater als auch für das Kino. Sie begeisterten ihr Publikum an beiden Stätten. Vielen der Großen, mit denen O. W. Fischer später Filme drehen sollte, begegnete er zumeist schon in der Josefstadt in Stücken wie *Die Jüdin von Toledo, Der Trojanische Krieg findet nicht statt, Der erste Frühlingstag* oder *Happy:* Hortense Raky, Oskar Homolka, Hans Moser, Adrienne Gessner, Rudolf Forster, Paula Wessely, Attila Hörbiger, Hans Olden, Ernst Deutsch, Hans Thimig und Paul Hartmann. Und O. W. Fischers Filmdebüt wird eine einzige Huldigung an diese wahren Künstler.
Mit Erik Frey zusammen, dem anderen Benjamin der Josefstadt, dessen Rollen er oft übernimmt, debütiert er 1936 in Willi Forsts *Burgtheater.* Nur sekundenlang sieht man die beiden als Schauspieler der traditionsreichen Wiener Bühne im Bild. Statisterie, die für O. W. Fischer aber mehr als eine Episode bleibt. Denn dieses Filmspektakel, einer der berühmtesten Filme Österreichs, beschwört in Inhalt, Ensemble und Methode jene schauspielerische Kraft, der sich O. W. Fischer verpflichtet fühlt.
Die Handlung im Jahre 1897 gibt das prunkvolle Ambiente von Wiens traditionsreichstem Theater wieder. Auf der Höhe seines Ruhmes verliebt sich ein alternder Schauspieler (Wer-

Otto Wilhelm als zwanzigjähriger Student der Liebe in Wien.

ner Krauß) in die Tochter seines Schneiders (Hortense Raky) und will ihr seine Karriere opfern. Das Mädchen erwidert seine Gefühle aber nur scheinbar, um ihren Freund, einen jungen Schauspieler, zu protegieren. Am Ende kehrt der Alte in seine entsagungsreiche Burg zurück. Zusammen mit Hans

Moser, Olga Tschechowa und weiteren Stars zaubert Willi Forst die ungebrochene Bühnengewalt auf die Leinwand. Ein weiterer Debütant neben O. W. Fischer verfaßt zusammen mit Willi Forst das Drehbuch: der sächsische Dramatiker Jochen Huth, den Forst zum Film holt und der sechzehn Jahre später bei *Solange Du da bist* Fischer wiedertreffen wird.
Die Dreharbeiten beginnen am 20. Juli in den Wiener Rosenhügel-Ateliers, werden dann nach Sievering verlagert und enden in den heiligen Hallen des Burgtheaters. Willi Forst verfilmt dabei nicht nur Theaterleben, sondern stützt sich bei der Inszenierung auf die Bühnenmethode, die Schauspieler sorgfältig und detailliert auf das Spiel der ihnen anvertrauten Rollen vorzubereiten. Jeder Schauspieler erhält seinen Part bis ins kleinste Detail ausgearbeitet. O. W. Fischer verfolgt diese hochprofessionelle Technik mit Interesse und hätte sich gern eine weitere Zusammenarbeit in einem gemeinsamen Film mit einer größeren Rolle gewünscht. Aber vergebens. »Erst wollte ich mit ihm drehen. Da wollte er nicht. Vielleicht weil ich nicht bekannt genug war und zu eigenwillig. Dann wollte er, dann wollte ich nicht. Es war eine andere Schule. Präzis, pünktlich, hochgenau. Kleine Forsts, die ganze Stube.«

Im Zeichen des Hakenkreuzes

O. W. Fischers erste Schritte auf der Leinwand sollten auf zehn Jahre seine letzten als unpolitischer Künstler sein. Reinhardt und Preminger waren nicht aus Spaß im amerikanischen Exil, der große Bruder Deutschland hatte mit Erfolg den Kulturbetrieb – und nicht nur den! – in den Griff bekommen und streckte seine Finger bereits nach Österreich aus. Bereits vor dem Anschluß raubte das Deutsche Reich dem österreichischen Theater und Film die Unschuld und setzte via wirtschaftliche Abhängigkeit seine Richtlinien durch. Zur Kostendeckung seiner Produktionen war der österreichische Film auf die Absatzmöglichkeiten im Dritten Reich angewiesen und fügte sich inhaltlichen Wünschen und Besetzungsvorschriften. Kritische Theaterstücke torpedierte die reichsfreundliche Presse regelmäßig vor der Premiere und schob sie in die Schweiz ab. In Österreich zeichnete sich zunehmend ein Zustand ab, wie man ihn von Deutschland her kannte, und der weder stillen Protest noch schuldfreie Unterhaltung zuließ. Allen Sonntagsreden von einer Trennung zwischen bösen Propaganda- und guten Unterhaltungsfilmen widerspricht der künstlerische Alltag, der im Deutschen Reich kraft Gesetz galt und in Österreich über die Kaufkraft ausgeübt wurde, bevor die Ostmark heim ins Altreich kehrte. Eine Filmbranche, gereinigt von rassisch oder politisch Minderwertigen, gleichgeschaltet unter der Ufa-Film, organisiert in einer Reichsfilmkammer, spuckte mit jedem belichteten Meter Film nichts anderes als Propaganda aus. Ähnliches galt für die in den Kraft-durch-Freude-Feldzug eingespannten Bühnen.
Einen Vorgeschmack dessen, was Österreich nach dem Anschluß zu erwarten hat, bekommt Fischer, der seine Vornamen mit zunehmender Bühnenkarriere von Otto Wilhelm über O. Wilh. zum prägnanten O. W. verkürzt, in München. In der Spielzeit 1937/38 gehört er dem Ensemble der Kammerspiele an und wohnt in einer Pension in der Schellingstraße 3. In der Hauptstadt der Bewegung kann er den kom-

Wiener Schmäh für den großdeutschen Kinopark: Hans Moser mit O. W. Fischer in »Anton der Letzte« (1939).

menden Wahnsinn studieren und greift auch einmal ein. Als Uniformierte seine jüdische Freundin packen, brüllt er sie an, daß das Pogrom von Staats wegen abgesetzt sei. Auf der Bühne setzt er seine schauspielerischen Fähigkeiten als »Darsteller ohne Fach« ein. Unter Otto Falckenberg spielt er Weihnachten 1937 an der Seite von Friedrich Domin, Carl Wery, Heidemarie Hatheyer und Maria Nicklisch in Richard Billingers *Gigant* den Tony, einen unangenehmen, jugendlichen Großstädter, der mit seinen stechenden Augen ein Mädchen vom Lande verführt. Ein andermal brilliert er als liebenswerter Verführer in *Das schöne Abenteuer* unter O. E. Hasse, der wie andere Ensemblemitglieder auch Regie führen durfte, aber als einziger einen eigenen Stil entwickelte. An den Münchner Kammerspielen begegnet Fischer zum ersten Mal Helmut Käutner, der dort im Dezember 1937 als Darsteller und Regisseur gastiert.

»Das politische Erdbeben, an dem so viele zugrunde gingen«, läßt O. W. Fischer 1938 nach Wien zurückkehren. Mit dem Anschluß im März übernimmt die Reichstheaterkammer als Vorposten des geistigen Reiches der Deutschen die Mission, das Banner der völkischen Kunst aufs neue in der alten Kultur- und Kunststadt Wien aufzupflanzen. Die Nationalsozialisten propagieren die Ehrenpflicht, den Ruf Wiens als deutsche Theaterstadt wiederherzustellen und vor aller Welt darzutun, daß nun eine neue Blütezeit im Wiener Kunstleben anheben soll. Wien soll wieder seiner deutschen Sendung folgen. Den vollmundigen Sprüchen folgen klare Taten: Das Wiener Volkstheater geht in den Besitz der Deutschen Arbeitsfront über, unter Aufsicht der Reichsdienststelle »Feierabend« der NS-Gemeinschaft »Kraft durch Freude«. Das nunmehrige Deutsche Volkstheater ist die erste »KdF«-Schauspielbühne Österreichs nach der Vereinigung der Ostmark mit dem Altreich.
Mit großen Aufwand wird das Gebäude im Sinne eines funktionalistischen Neoklassizismus modernisiert und aller Verzierungen entkleidet. Der Direktionstrakt erhält ein Führerzimmer, das jedoch unbenutzt bleibt, da Hitler das Theater nie betreten wird, »um die stolzeste Verteidigung des deutschen Volkes durch die deutsche Kunst« zu begutachten.
Der neue Leiter und Generalintendant, Walter-Bruno Iltz, reinigt das Ensemble und holt O. W. Fischer, der für Radio Wien arbeitet, als romantischen jugendlichen Liebhaber. Dem noch von seinem Vorgänger Rolf Jahn engagierten Curd Jürgens erläutert Iltz: »Ich habe schöne Aufgaben für Sie. Ich will bestes Theater und ein hervorragendes Ensemble. Ich habe Paul Hubschmid und O. W. Fischer engagiert. Mit denen werden Sie Ihr Fach teilen. Auch ein jugendlicher Komiker hat mir vorgesprochen, der mir gefällt. Er sagt, er kennt Sie von der Schauspielschule.«
»Gert Fröbe?« fragt Jürgens, und Iltz nickt. Des weiteren sollen noch Anni Rosar und Egon von Jordan den Wienern Kraft durch Freude spenden.
O. W. Fischer beteiligt sich aber nicht nur auf der Bühne als *Trenck, der Pandur* und Hebbels *Demetrius* am Amüsierbe-

Von der Bauernbühne auf die Leinwand: Ilse Exl und O. W. wahren völkisches Recht in »Der Meineidbauer« (1941).

trieb des Faschismus, sondern dreht auch Schmonzetten und Heldenepen zum Abspiel im großdeutschen Kinopark, den Wanderkinos der NSDAP und den Tonfilmwagen der Wehrmacht. Ihn und andere Filmschaffende ermahnt der für die Kultur zuständige Reichsminister Dr. Goebbels, wenn ein Staat für sich in Anspruch nehme, einem Kinde das Einmaleins und das Abc beizubringen, wieviel größer sei dann das Anrecht des Staates auf alle Mittel und Möglichkeiten, die zur Erziehung und Lenkung des Volkes dienen können. Neben Presse und Rundfunk sei eines dieser Mittel der Film. Die Willensbildung eines Volkes sei ebenso wichtig wie die äußere Bewaffnung. Und da O. W. Fischer seinen dreiwöchigen Waffendienst während der spielfreien Zeit in der Wiener Rennwegkaserne absolviert hat, kann er nun zur Willensbildung des deutschen Volkes eingesetzt werden.

Mit zwei Hans-Moser-Komödien eröffnet O. W. Fischer nach dem Kurzauftritt in *Burgtheater* seine eigentliche Filmkarriere. 1939 spielt er unter der Regie von E. W. Emo den Grafen Willy in *Anton der Letzte*. Das Starvehikel degradiert den jungen Fischer zum Stichwortgeber für einen grandiosen Hans Moser (»Dienerrollen bringen mir Glück«), der in der Titelrolle des verraunzten Kammerdieners das Geschehen dominiert. Auf Schloß Erlenburger lebt der Absolutismus nur im traditionsbewußten Diener Anton fort, der ein strenges Regime aufrechtzuerhalten sucht. Er dient dem jungen Willy und dem alten Grafen Othmar aus Berufung und verkörpert den verbohrten Rückständigen, der darüber ein bißchen

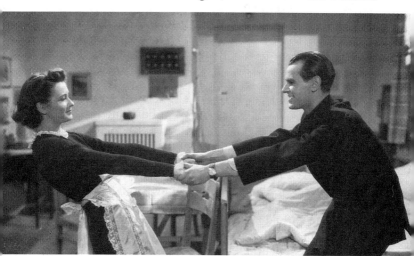

Trautes Paar im dekadenten Wien: Elfriede Datzig mit O. W. in »Meine Tochter lebt in Wien« (1940).

seine Pflichten vernachlässigt. Graf Othmar ist der von seiner Zeit überrollte Lebemann, der sich in einer morbiden, nicht dem deutschen Nachwuchs dienenden Beziehung selber zum Gespött macht. O. W. Fischer repräsentiert dagegen den modernen, verantwortungsvollen Techniker, der die Welt bereist, die Frau erobert und für den Nachwuchs sorgt. Daß er in seinem jugendlichen Überschwang dabei ein bißchen die Übersicht verliert und ein uneheliches Kind zeugt, ist nur ein Schönheitsfehler, den Anton wieder ausmerzt. Mosers Herz und Fischers Verstand ergänzen sich so für eine glückliche Zukunft. Diese Kombination des ständig nörgelnden Konservativen, der auf den jungen, farblosen Techniker trifft, wiederholen O. W. Fischer und Hans Moser 1940 in *Meine Tochter lebt in Wien* – wieder unter der Regie von E. W. Emo. Diesmal stellt Moser eine Krämerseele vom Lande dar, die in die Stadt reist und die unmoralischen Verhältnisse eines Fabrikanten (Hans Olden) ordnet, weil er ihn versehentlich für den Gatten seiner Tochter hält. In Wahrheit ist sie natürlich mit dem gar nicht dekadenten, sondern fleißigen Chauffeur (O. W. Fischer) verheiratet.

Während beide Lustspiele vordergründig Unterhaltung bieten und das Drama jener Zeit auf Mosers Biographie beschränkt bleibt, der seine jüdische Frau in ungarischer Verbannung und seine Tochter im südamerikanischen Exil weiß, ist E. W. Emos nächster Film ein so heikles Hetzwerk, daß selbst die Österreicher dem Projekt Schwierigkeiten bereiten. Im Herbst 1940 kündigt die Wien-Film unter dem Titel *Lueger* eine Biographie des Wiener Bürgermeisters Dr. Karl Lueger an, den schon Adolf Hitler in *Mein Kampf* voll Sympathie erwähnt hat.

Der ehemalige Liberale gründete die christlich-soziale Bewegung Österreichs, war um die Jahrhundertwende Bürgermeister von Wien und als Gegner der Juden, Sozialisten und Plutokraten ein Vorbild Hitlers. Luegers großer Konkurrent war Georg Ritter von Schönerer, Vorkämpfer für ein großdeutsches Reich, weshalb pikanterweise gerade die österreichischen Mitglieder der NSDAP verhindern wollten, daß man Lueger ein Denkmal setzt.

Hetzpropaganda um Hitlers Vorbild Dr. Lueger: Carl Kuhlmann und O. W. als Staffage in dem Heldenepos »Wien 1910« (1942).

Doch ihnen gelingt es nur, den Drehbeginn um ein Jahr aufzuschieben, bis im September 1941 in Babelsberg und Wien die erste Klappe für den in *Wien 1910* umbetitelten Streifen fällt. Neben Lil Dagover, Heinrich George und Rosa Albach-Retty spielt auch O. W. Fischer mit, den Emo inzwischen einzuschätzen weiß: »Dieser Mann lebt in einer anderen Welt. Man muß ihn nehmen, wie er ist, nur dann kann man aus Fischer tatsächlich Höchstleistungen herausholen.« Die Rolle des Bürgermeisters übernimmt Rudolf Forster, der sie als Heiligenbild eines großen deutschen Führers im Kampf gegen mißgünstige Gegner und unsichere Kantonisten anlegt.

Nach weiteren Verzögerungen startet *Wien 1910* am 26. August 1943, wird aber von der Presse zurückhaltend behandelt und in der Ostmark aus politischen Gründen nicht aufgeführt. Mit einem Einspielergebnis von 2,1 Millionen Reichsmark und einem Gewinn von knapp einer halben Million Reichsmark erzielt er einen der niedrigsten Erlöse in der Filmgeschichte des tausendjährigen Reiches. In Wien wird der Propagandafilm 1970 unter großem Protest wiederaufgeführt.

Im Jahre 1941 erkennt nicht mehr nur E. W. Emo Fischers Kinoqualitäten, so daß dem jungen Galan immer mehr Rollen angeboten werden. Während sämtliche Aufführungen englischer und französischer Autoren mit Ausnahme Shakespeares, von dem bloß die Königsdramen nicht gespielt werden dürfen, seit 1940 von der Reichsdramaturgie untersagt sind, wendet sich O. W. Fischer dem weltanschaulich den Nazis genehmen Volksstück *Der Meineidbauer* von Ludwig Anzengruber zu. Das Gebirgsdrama um zwei uneheliche Kinder, die durch einen Meineid um ihr Erbe gebracht werden, wird als stimmiger Heimatfilm realisiert, der das Leben im Bergbauernmilieu mit einem dramatischen Plot verbindet. Nicht nur mit der Wahl des Drehorts, sondern auch mit der Besetzung schließt man an den überragenden Erfolg der *Geierwally* im Jahr zuvor an und bietet dem Kinopublikum ein Wiedersehen mit zwölf Mitgliedern der berühmten Tiroler Exl-Bühne, die für das authentische Lokalkolorit sorgen. An ihrer Seite zeigt O. W. Fischer erstmalig in der Rolle des Franz Ferner einen gespaltenen Filmcharakter, der die Schuld der Vergangenheit sühnen und sich gegen begangenes Unrecht erheben will. Den von seinem Vater mit Wissen des kleinen Kindes erschlichenen Hof weist der erwachsene Franz zurück, um sich auf die Seite der Betrogenen zu schlagen. Und wie so oft in Fischers Rollenfach befreit ihn die Liebe einer Frau von jeder Schuld.

Der Film sollte noch aus einem anderen Grund eine wichtige Wende in Fischers Leben einleiten. In einer Kinovorstellung des *Meineidbauern* fordert er eine Kollegin vom Volkstheater auf, daß sie nun doch heiraten sollten.

Die Pragerin Anna Usell hat ein unstetes Bühnenleben hinter sich. Nach dem Mannheimer National-Theater, den Münchner Kammerspielen, dem Städtischen Schauspielhaus Essen und dem Stuttgarter Schauspiel kommt sie 1942 ans Deutsche Volkstheater in Wien, wo sie in *Die kluge Wienerin, Kühe am Bach* und *Spiel mit dem Feuer* neben O. W. Fischer auftritt. »Sie war damals, als ich sie kennenlernte, eine ganz dünne, überschmale, hochbeinige Frau, die irgendwie ungemein aristokratisch und zerrissen auf mich wirkte. Und dies infolge einer hochgradigen Übersensibilität, die schon fast nicht mehr lebensfähig war.« Die Sympathie ist gegenseitig: »Er war so ganz anders als die Kollegen, die ich kannte: entwaffnend jung, frech und immer zu frivolen Späßen aufgelegt einerseits – und andererseits von einer strengen, fast asketischen Unerbittlichkeit gegen sich, selbstlos aufopfernd, ohne große Worte, wenn es um einen Menschen ging, der seinem Herz wirklich nahestand.«
Die Hochzeit findet am 13. August 1942 in einer Drehpause statt, da O. W. Fischer schon an seinem nächsten Film arbeitet. In der Mittagspause eilt er, noch im Filmkostüm eines Adeligen der Jahrhundertwende, zum Standesamt im XIII. Wiener Bezirk und läßt sich von einem etwas irritierten Beamten trauen. Als Trauzeugen fungieren der Hausmeister und der Garderobier des Amtsgebäudes. Am Nachmittag spielt Fischer bereits wieder den Gutsbesitzer von Haflinger in *Sommerliebe*. Regie führt Erich Engel, vor und nach dem Dritten Reich einer der engsten Mitarbeiter Bertolt Brechts. Fischers Partnerin ist Winnie Markus in der Rolle einer Schauspielerin, die das Bühnenleben einer Ehe mit dem Gutsbesitzer von Haflinger vorzieht.
Privat hat O. W. Fischer mit seiner »Nanni« mehr Glück. Die Ehe mit der zwölf Jahre älteren Frau wird dreiundvierzig Jahre halten, bis der Tod sie scheidet. Frei von jedem Darstellungsdrang, gibt Anna Fischer die Schauspielerei auf und widmet sich nur noch ihrem Mann. Mit ihm teilt sie die ausgeprägte Tierliebe und ein tiefergehendes Verständnis für das Leben. Für ihn wird sie in Zukunft täglich die Post durchsehen, ordnen, Autogrammwünsche bearbeiten, Briefe beant-

worten. Gemeinsam führen sie ein ruhiges Leben, frei von allen Affären. »Wir lieben uns nicht wie Turteltauben. Das haben wir nie getan, auch nie so gelebt. Sondern: Wir sind die besten Kameraden. Ein menschliches Zusammengehören, das ist es.«
Im selben Jahr wird O. W. Fischer seine erste große Hauptrolle angeboten. Karl Hartl von der Wien-Film, der bereits *Meine Tochter lebt in Wien*, *Sommerliebe* und *Wien 1910* produziert hat, plant einen Filmzyklus, der Mozart dem deutschen Volk näherbringen soll, ihn als deutschen Komponisten vereinnahmt. Für den Eröffnungsfilm der Reihe, *Wen die Götter lieben,* spricht Fischer dem Regisseur Eduard von Borsody vor. Manfred Barthel erinnert sich: »Jeder junge Schauspieler hätte nichts unversucht gelassen, um diese Rolle zu bekommen. Nicht so O. W. Bei den Probeaufnahmen für die Mozart-Rolle lehnte er es ab, so zu lächeln, wie es der Regisseur wünschte. O. W. wollte – was immer er darunter verstand – das spezifische Mozart-Lächeln liefern. Der Regisseur verzichtete und nahm Hans Holt.« Ironie des Schicksals, daß von Borsody den Film gar nicht mehr realisiert, da er kurz vor Drehbeginn erkrankt. Der mit Fischer vertraute Produktionschef Karl Hartl übernimmt die Regie dieser ersten und einzigen Folge der geplanten Reihe.
Inzwischen bleiben Ateliers und Bühnen von der Frontsituation nicht unbeeinflußt. Baumaterial und Rohfilm werden knapp, die Ufa öffnet ihren Kostümfundus, Techniker und Schauspieler erhalten ihren Gestellungsbefehl. Mit Fortgang des Krieges verstärken sich 1942 die Durchhalteparolen der Politiker, die Recht, Sinn, Aufgabe und Pflicht der Film- und Bühnenkünstler festschreiben. Entspannung und Freude sind nicht die einzigen Gebote. Als hohe Schule nationaler Erziehung soll die Schauspielkunst das deutsche Volk zu den ewigen Quellen seiner Kraft hinführen, nicht nur Unterhaltung, sondern auch Haltung, nicht nur Spannung, sondern innere Festigung spenden und Glauben schenken. Auch jenseits der Grenzen soll der Film von deutschem Geist und deutscher Kultur zeugen. Oder wie Ludwig Körner, Präsident der Reichstheaterkammer, zusammenfaßt: »Nicht im

Winnie Markus in »Sommerliebe« (1942) als Ausnahmefrau, die ihre Karriere O. W. Fischers Heiratsantrag vorzieht.

Tempel der Musen wollen wir dienen in dieser Zeit, sondern eine wehrhafte Bemannung sein hoher, starker Trutzburgen deutschen Geistes und deutscher Kunst.«
Schwere Zeiten – leichte Filme. Die Konjunktur wird mit zunehmend ernster Lage von der Unterhaltungsware bestimmt. In Wien bringt der ungarische Theater- und Drehbuchautor Géza von Cziffra in seinen Lustspielen die Leute zum Lachen. Mit O. W. Fischer und Judith Holzmeister in den Hauptrollen feiert er in der »Komödie« die Uraufführung seines Werkes *Richard der Große* und dreht gleichzeitig für die Wien-Film. Probeaufnahmen zu der Verfilmung eines anderen seiner Stücke werden nicht weiterverfolgt, sind aber erste

Flucht in die Künstleridylle des Biedermeier: »Glück unterwegs« (1944).

Studien zu Cziffras 1947 gedrehtem Anselm-Feuerbach-Porträt *Das unsterbliche Antlitz* mit O. W. Fischer in der Rolle des Malers. Außerdem werden Cziffra und Fischer bereits wieder 1945 an dem Großfilm *Leuchtende Schatten* zusammenarbeiten und 1948 gemeinsam einen Beitrag für den britischen Episodenfilm *A Tale of Five Cities* drehen.

Auf der Leinwand unterhält O. W. Fischer sein Publikum in den Jahren 1943/44 mit den Biedermeier-Komödien *Glück unterwegs* und *Die beiden Schwestern*. Eskapistische Erfolgsgeschichten von einfachen Künstlern, die es durch Anstrengung und Fleiß weit bringen können. Beschwörungen einer guten alten Zeit, die über die düstere Gegenwart hinwegtrösten sollen. Eine bizarre Gegenwart, in der O. W. Fischers

Partnerin Gisela Uhlen, eine der beiden Schwestern, aus politischen Gründen zum Arbeitseinsatz im Ufa-Studio dienstverpflichtet wird. Während der Dreharbeiten zu *Die beiden Schwestern* lebt das Team im Hotel, weil die Wohnungen zerbombt sind. In jenen Tagen erlebt Berlin die schlimmsten Bombennächte voller Angst und Schrecken. Vor der Kamera zu stehen ist längst kein reines Vergnügen mehr. Aber angesichts der Alternativen – Front oder Rüstungsindustrie – versucht O. W. Fischer, sobald ein Film abgedreht ist, in den nächsten hineinzuschlüpfen, auf die Liste der Begnadeten.

Mit dem Theater ist es vorbei. Am 1. September 1944 werden sämtliche Kultur- und Vergnügungsstätten gesperrt, eben auch das Volkstheater. Es gibt keine Unterhaltungsliteratur

Während der Berliner Bombennächte dreht Fischer in der Rolle eines Komponisten das Ufa-Rührstück »Die beiden Schwestern« (1943).

mehr, auch keine Kulturzeitschriften. Nur Film und Rundfunk versorgen die Öffentlichkeit weiter mit kulturellen Werten. Nach Berlin erlebt nun auch Wien im September 1944 die schwersten Bombenangriffe der Alliierten. Die öffentlichen Verkehrsmittel fahren nicht mehr, es gibt Tausende von Toten, Hunderttausende zerstörter Wohnungen und ein großes Problem für die Filmindustrie: Ständig unterbrechen Bombenangriffe die Dreharbeiten in Berlin, München und Wien. Der großdeutsche Film braucht neuen Lebensraum.
Rettende Ausweichmöglichkeiten bieten die einzigen noch in Betrieb befindlichen Filmproduktionsstätten in Prag. Die Filmpioniere der ehemaligen Donau-Monarchie haben nach der Unabhängigkeit Prag als Filmhauptstadt Zentraleuropas etabliert. Die modernen und bestausgestatteten Ateliers in Barrandov und Hostivar produzierten vor dem Krieg am laufenden Band Tonfilme auf tschechisch, deutsch, französisch und polnisch. Nach der Zertrümmerung der Tschechoslowakei in ein Protektorat und einen slowakischen Marionettenstaat übernehmen Deutsche Zug um Zug durch Enteignung jüdischen Besitzes und Zwangsverkäufe die tschechische Filmindustrie.
Der »Bunker Prag« wird zum Schonrevier nahezu aller bedeutenden deutschsprachigen Filmschaffenden. Für unabkömmlich deklariert, bleiben ihnen der Kriegseinsatz und die heimischen Bombennächte erspart. Ihr Hab und Gut meist ständig bei sich, fiebern sie dem Frieden entgegen und sorgen sich um das von den Alliierten zunehmend bedrängte, gequälte, zerstörte Deutschland. Die Situation der von den Deutschen geknechteten Tschechen, deren Qualen interessieren sie kaum. Die Arbeit in den ausgebuchten Ateliers hat Géza von Cziffra in eisiger Atmosphäre in Erinnerung: »Schweigend bedienten die tschechischen Arbeiter ihre Geräte, wortlos schalteten die Beleuchter die Lampen ein, und genauso schweigsam übten die Bühnenarbeiter ihre Tätigkeit aus. Sie zeigten uns deutlich, daß sie mit uns nichts zu tun haben wollten. Ein Gespräch mit einem von ihnen anzufangen war unmöglich. Sie taten alle so, als verstünden sie kein Wort Deutsch.«

Aber auch unter den deutschen Schauspielern und Technikern bilden sich Fraktionen. Carl-Heinz Schroth entsinnt sich: »An die Wunderwaffe glaubte bei uns niemand, außerdem waren wir bestens orientiert. Jeden Abend versammelten wir uns und hörten die vier Schläge aus der fünften Symphonie (das Radioprogramm der BBC; d. A.). Es handelte sich immer um dieselbe Runde: O. W. Fischer, Hans Albers, Paul Kemp, Rudolf Schündler, Georg Thomalla, Lotte Lang, Herta Mayen, die Kostümbildnerin Charlotte Flemming und ich. Es war sehr aufschlußreich, aber auch sehr gefährlich, denn die Wände waren dünn. Und es gab auch einige Kollegen, vor denen man auf der Hut sein mußte, es waren allerdings sehr wenige, und man kannte sie genau.«

O. W. Fischer entwickelt in Prag in vollendeten Komödien wie *Spiel mit der Liebe* und *Sieben Briefe* zunehmend Routine und steht dann für drei aufwendige Produktionen vor der Kamera, die – vom Kriegsende eingeholt – unvollendet bleiben. Géza von Cziffra schanzt seinem Freund aus Wiener Theatertagen die Rolle des Kriminalbeamten in *Leuchtende Schatten* zu. Die Dreharbeiten werden für alle Beteiligten zu einem Ärgernis im Vorfeld der sich abzeichnenden Niederlage. Am 17. Dezember 1944 beschwert sich von Cziffra in einem Brief an die Produktionsleitung: »Vor allem möchte ich Sie daran erinnern, daß ich das Exposé *Leuchtende Schatten* in Ihrem Auftrag als einen sogenannten Großfilm geschrieben habe, nachdem man mir ausdrücklich erklärt hat, daß der erste Prag-Film der neuen Ära ein Ausstattungsfilm werden soll. Als nach Stoffgenehmigung gleichzeitig die Verminderung der Produktionskosten angeordnet wurde, habe ich die Prag-Film davor gewarnt, unter diesen Umständen mit dem Film *Leuchtende Schatten* ins Atelier zu gehen. (...) Gereizt durch die immer wieder vorkommenden Fehler habe ich hie und da im Atelier die Geduld verloren und gegen diese Dinge lauter als vielleicht notwendig protestiert. Dies wird mir jetzt von Herrn Reichsfilmintendant Hinkel zum Vorwurf gemacht. Leider haben aber weder die lauten Proteste noch meine mündlichen und schriftlichen Meldungen über diese Vorkommnisse etwas geholfen, und die Unordnung ging weiter.«

Zum gereizten Klima trägt vor allem Oberleutnant Eweler vom Staatssicherheitsdienst bei, der auf Anordnung des Propagandaministeriums als kriminalistischer Berater fungiert. Da nach Ansicht des Ministeriums der deutsche Film in letzter Zeit die Tätigkeit der Kriminalpolizei nur verzerrt wiedergegeben hätte, soll Oberleutnant Eweler O. W. Fischer über die Schulter schauen und das Bild des deutschen Polizeibeamten zurechtrücken. Eweler mischt sich weit mehr in die vierwöchigen Dreharbeiten ein und kritisiert von den Bauten bis zu den Schauspielern genug, um mit von Cziffra im Dauerclinch zu liegen. Nach der letzten Klappe geht der Film im März 1945 in Schnitt und von Cziffra ins Gefängnis. Auf Initiative Ewerts werden er, sein Produktionsleiter Carlo Hofer und selbst der Produktionschef der Prag-Film, E. W. Emo, als Volksschädlinge angezeigt. Zu sechs Monaten Haft im Gefängnis von Pankrac verurteilt, wird von Cziffra nach zwei Monaten wie alle deutschen Gefangenen vor dem Einmarsch der Sowjets entlassen und kann sich nach Wien retten.

Fischers zweite Unvollendete entwickelt sich zum grenzüberschreitenden Kuriosum. 1941 präsentiert die RKO Ginger Rogers, George Murphy und Burgess Meredith in der Liebeskomödie *Tom, Dick and Harry*. Das charmante Filmschmankerl aus den Studios des Kriegsgegners reizt auch die deutsche Terra-Film, die mit Jenny Jugo in der weiblichen Hauptrolle und O. W. Fischer in Merediths Part ein Remake unter dem Titel *Sag' endlich ja* dreht. Bei Kriegsende ist die Geschichte von der unentschlossenen Braut bis auf einige Nachaufnahmen fertig und im Schnitt, wird aber nicht beendet. 1949 nimmt sich die ostdeutsche DEFA des offenbar unwiderstehlichen Stoffes an und verfilmt ihn mit fast identischer Besetzung als *Träum nicht, Annette*. Nur O. W. Fischer ist als einer der wenigen nicht dabei. Der fertige Film bereitet aber den Polit-Kontrolleuren kein Vergnügen und wird als »restaurativ« verbannt. 1958 besinnt sich schließlich Hollywood noch einmal des Themas und dreht mit Jane Powell eine musikalische Fassung: *The Girl Most Likely*.

O. W. Fischer besteht aber nicht nur auf Hauptrollen, sondern akzeptiert naserümpfend auch kleinere Auftritte, so-

»Sieben Briefe« (1944) braucht es, daß sich der Fotograf Felix (O. W., hier mit Harald Paulsen) in ein amüsantes Lügengestrüpp verfängt.

lange er nur in Prag bleiben darf. Seine Kollegen denken nicht anders, und so liest sich die Besetzungsliste von *Shiva und die Galgenblume* bis in die kleinste Nebenrolle wie ein Gotha deutscher Filmberühmtheiten. Hans Albers, Elisabeth Flickenschildt, Grethe Weiser, Carl Heinz Schroth, Hubert von Meyerinck, Harald Paulsen, Aribert Wäscher und noch viele andere versammeln sich mit O. W. Fischer am 6. Januar 1945 unter strenger Überwachung zu einem Filmabenteuer mit ungewissem Ausgang. Mit einem Etat von 2,3 Millionen Reichsmark und einem Drehplan bis in den April hinein soll Hans Steinhoff einen antikommunistischen Kriminalfilm um gestohlene Gemälde und gefälschte Banknoten inszenieren, für den es mit Sicherheit keine Verwendung mehr geben wird.

Bei dem sinnlosen Unterfangen bestätigt Steinhoff seinen Ruf als linientreuer Starregisseur des Dritten Reiches. Mit der Infamie seiner früheren Werke (*Hitlerjunge Quex, Ohm Krüger, Der alte und der junge König, Robert Koch*) mischt er realistische Details und witzige Sequenzen zu einem fesselnden Hetzwerk. Doch auch hinter der Kamera gibt sich Steinhoff als politisch zuverlässig und peitscht die Dreharbeiten unbarmherzig voran, um seinem Ruf als Durchhalteregisseur gerecht zu werden. »Er ist brauner als Goebbels und schwärzer als Heinrich Himmler«, charakterisiert O. W. Fischer den Regisseur, der sich bei jeder Regieanweisung auf Reichsminister Goebbels beruft. Dem Darsteller der Titelrolle, Hans Albers, gefällt dieser Regiestil ebensowenig, was er in seiner kraftmeierischen Art auch deutlich ausdrückt: »Er ist das größte Arschloch des Jahrhunderts. Außerdem ein Schwein. Eines schönen Tages werde ich ihn erschlagen – so wahr ich der liebe Gott bin!«

In den letzten Kriegstagen spitzt sich die Lage weiter zu, und der Regisseur droht jedem aus dem Drehteam mit Anzeige und Gefängnis. Aber als die Russen vor Prag stehen, setzt sich Hans Steinhoff als erster ab. In Berlin packt er noch sein gesamtes Vermögen zusammen und verläßt am 29. April die eingekesselte Stadt mit der letzten Lufthansa-Maschine nach Madrid. Er kommt nicht weit. Bei Luckenwalde werden sämtliche Passagiere tot aus den Flugzeugtrümmern geborgen – vermutlich Opfer sowjetischer Jagdflieger. Nur Albers schmunzelt und meint: »Das waren nicht die Russen. Das war ich, so wahr ich der liebe Gott bin.«

Die deutsche Kolonie in Prag bricht ihre Zelte ab und kehrt

nach Deutschland zurück. Nicht in die zerbombten, heillos unterversorgten Städte, sondern aufs Land. Albers sieht in seiner Villa in Garatshausen am Starnberger See dem Kriegsende entgegen. O. W. und Anna Fischer flüchten mit Hilfe eines geschmierten Feldwebels vor Tschechen und SS, Russen und Amerikanern, Ungarn und Volkssturm, versteckt in einem Wehrmachtswagen, nach Oberösterreich und ziehen in ein kleines Bergdorf, nach Altenhof. Dort schlagen sie sich in bäuerlicher Selbstversorgung durch.

Und es begab sich

Mit dem Wiederaufbau der Theater in München, Berlin und Wien kehren auch die Schauspieler allmählich an ihre früheren Wirkungsstätten zurück. Die technischen Mittel sind beschränkt, der Kostümfundus und die Bühnenbilder im Krieg verlorengegangen, aber der Hunger nach all den unter den Nazis geschmähten französischen, englischen, amerikanischen und den zahlreichen verbotenen Stücken kritischer deutscher Autoren fordert zur Improvisation heraus.
Besondere Schwierigkeiten bereitete den Wienern die Wiedereröffnung des Burgtheaters. Am 12. März 1945 hatte ein Bombentreffer die Hinterbühne zerstört. In der Nacht vom 13. auf den 14. April brach dann aus unbekannten Gründen ein Feuer aus, dem Bühne und Zuschauerraum zum Opfer fielen. Der Brand konnte nicht gelöscht werden, weil es damals in Wien keine Feuerwehr mehr gab. So zieht das heimatlos gewordene Ensemble bis zum Abschluß der langwierigen Renovierung um und eröffnet als »Burgtheater im Ronacher« die erste Saison der Nachkriegszeit unter neuer Leitung. Raoul Aslan, der ungekrönte König des Ensembles, bürdet sich neben seinen Verpflichtungen als Schauspieler und Regisseur auch diese Funktion auf. Der gutaussehende und witzige Aslan, ein griechischer Armenier, ist neben Charles Laughton das einzige erklärte Vorbild O. W. Fischers und erwidert in seiner neuen Position die Hochachtung des Verehrers.
»Das Burgtheater kam zu mir, und zwar in Form seines begnadetsten Meisters, Raoul Aslan. Um sieben Uhr dreißig in der Früh klingelte es; er blieb zwischen Tür und Angel stehen und sagte: ›Verzeihen Sie, ich hab' gehört, Sie sind schwierig. – Das reizt mich.‹ Sprach's, ging und schickte mir einen Vertrag.« Im Ronacher und im Akademietheater, der kleinen Bühne des Burgtheaters, spielt O. W. Fischer in klassischen Meisterwerken und modernen Schauspielen, er brilliert als Essex in Ferdinand Brucknes *Elisabeth von England*, ist Saint Just, der »Goebbels von Paris«, in Georg Büchners

Dantons Tod und rettet Gerhart Hauptmanns schwaches, von Carl Zuckmayer beendetes Vermächtnis *Herbert Engelmann* in der Titelrolle vor dem Einbruch. Unter den Augen von Max Reinhardts aus den USA zurückgekehrter Witwe Helene Thimig spielt sich Fischer in die erste Reihe der Schauspielergarnitur neben Curd Jürgens, Heinz Moog, Albin Skoda, Käthe Gold, Judith Holzmeister, Annemarie Düringer und Josef Meinrad.

Den überwältigendsten Erfolg genießt er aber an der Seite Theo Lingens in der Komödie *Theophanes,* die am 3. April 1948 Premiere feiert und es nach einem erfolgsbedingten Wechsel vom kleinen Akademietheater in das große Ronacher auf insgesamt zweihundert Vorstellungen bringt.

Schon im letzten Kriegsjahr beschäftigte sich Theo Lingen mit Hinweisen auf einen griechischen Sklaven namens Theophanes, der als Chronist des römischen Reiches zur Zeit des Ersten Triumvirats unter Caesar, Pompejus und Crassus lebte. Zusammen mit Franz Gribitz verdichtet Lingen die Biographie des Griechen zu einer ironisch-frechen Satire, die die Grenze zwischen dem klassischen Altertum und der politischen Gegenwart aufhebt und das römische Imperium auf den modernen Imperialismus bezieht. Zwischen Telefon und Couch intrigieren antik gewandete Protagonisten und debattieren aktuelle Probleme vom Zehnstundentag bis zur Demontage. Mittendrin ein vorzüglich aussehender, sehr dekorativer O. W. Fischer als Gajus Julius Caesar.

Wieder mit O. W. Fischer als Darsteller, Franz Gribitz als Ko-Autor und sich selber als Regisseur und Hauptdarsteller, setzt Theo Lingen auch zur Verfilmung von Ödön von Horváths lang verfemter Posse *Hin und Her* an. Nach Hitlers Machtergreifung schrieb von Horváth dieses Stück, das im Herbst 1933 im Deutschen Volkstheater Wien uraufgeführt werden sollte. Er wollte darin »zeigen, wie leicht sich durch eine menschliche Geste unmenschliche Gesetze außer Kraft setzen lassen. Mein Stück behandelt nämlich das Schicksal eines Mannes, der aus einem Staat ausgewiesen wird. Er wird über eine Brücke geführt, die über einen Fluß gelegt ist, der die Grenze zwischen den beiden Staaten darstellt. Er wird

aber in den Nachbarstaat nicht eingelassen und ist nun gezwungen, eine Zeitlang auf der Brücke zu hausen.«
Kaum annonciert, entbrannte schon eine wilde Polemik deutschnational denkender Österreicher gegen von Horváth. Nachdem die Premiere erst auf Weihnachten 1933 und schließlich auf Februar 1934 verschoben worden war, fand sie in Wien gar nicht mehr statt. Von Horváth mußte ans »Emigranten-Theater«, das Zürcher Schauspielhaus, ausweichen, der Ausweichbühne kritischer Autoren für die Dauer des tausendjährigen Reiches. Vier Jahre später erklärte von Horváth aus einer tiefen Depression heraus, daß acht Stücke der Zeit von 1932 bis 1936, darunter *Hin und Her,* nur »Versuche« gewesen wären, die er offiziell zurückziehe. Zehn Jahre nach Horváths Tod, 1948, werden seine *Geschichten aus dem Wienerwald* zum ersten Mal in Wien gespielt. Und Theo Lingen gräbt die unverändert aktuelle Vertriebenen-Tragikomödie *Hin und Her* aus, um sie auf die Leinwand zu bringen.
Die Ära der moralinsauren Filmbotschaften im Sinne der Völkerverständigung umfaßt auch die Komödie *Triumph der Liebe,* eine musikalische Bearbeitung von Aristophanes' *Lysistrata.* Darin hecken die kriegsmüden Frauen von Athen einen Liebesstreik aus, um mit dieser raffinierten Verweigerung ihre Männer, darunter O. W. Fischer, vom Kämpfen abzuhalten. Das Publikum legt aber weniger Wert auf Moral denn auf prachtvolle Kinoträume, die es aus seiner realen Not entführen. Mindestens genauso wichtig wie die klugen Drehbuchautoren sind die Architekten und Kostümbildner, denen in der Trümmerlandschaft der Nachkriegszeit besondere Bedeutung zukommt. Werner Schlichting, der Ausstatter von *Triumph der Liebe,* faßt seine Überlegungen so zusammen: »Im Gegensatz zur Theaterdekoration darf im Film nichts von Pappe sein. Die Filmtür ist eine solide, einwandfrei schließende Tür und ihre Schnalle Qualitätsarbeit, die auch einer Großaufnahme, in der sie sich verhängnisvoll auf und nieder zu bewegen hat, standhält. Eingehendes Studium des Drehbuches, vorangegangene Besprechungen mit Regisseuren und Darstellern, sorgfältige Entwürfe und Zeichnungen haben vorher alles genau festgelegt.«

In antikem Kampfgehänge sieht O. W. nach einem Sieg über die Spartaner auch dem »Triumph der Liebe« (1947) entgegen.

Mit einem letzten Ausstattungsspektakel, *Leuchtende Schatten,* war für Géza von Cziffra der Krieg zu Ende gegangen. Nicht weniger detailverliebt bereitet er 1947 *Das unsterbliche Antlitz,* ein Porträt des im letzten Jahrhundert lebenden Malers Anselm Feuerbach, vor. Auf der Grundlage seines eigenen Bühnenwerkes von 1942, das ihm seinerzeit auch zu Probeaufnahmen bei der Wien-Film diente, schreibt von Cziffra das Drehbuch und engagiert neben Helene Thimig, Attila Hörbiger und Dagny Servaes O. W. Fischer für die Rolle des gespaltenen, mal schwärmerischen, dann wieder zynisch-kritischen Künstlers.
Im Atelier erweist sich O. W. Fischer als adäquate Besetzung des reizbaren Feuerbach und liefert sich mit dem Regisseur heftigste Auseinandersetzungen. Einmal zieht sich Fischer beleidigt in seine Garderobe zurück und wartet auf ein Wort des Bedauerns von seinem Regisseur. Doch statt von Cziffra erscheint ein Garderobier, um Fischers Kostüm abzuholen. Irritiert fragt Fischer nach dem Grund und erfährt, daß von Cziffra die Kameraposition so verändert habe, daß jetzt Fischers Lichtdouble nur seinen Hinterkopf hinzuhalten brauche, um die Szene abzudrehen. Drei Minuten später steht O. W. Fischer wieder arbeitswillig am Set.
Bei all diesen Raufereien plant Géza von Cziffra unverdrossen weitere Projekte mit O. W. Fischer. Eines Tages liest von Cziffra in der Zeitung, daß Egon Erwin Kisch aus dem teils in den USA, teils in Mexiko verbrachten Exil nach Prag zurückgekehrt sei. Dabei erinnert sich von Cziffra an ein Treffen mit dem rasenden Reporter zwei Jahrzehnte früher in Berlin. Von Cziffra wollte damals ein Stück über Kaiser Maximilian von Mexiko in Angriff nehmen. Kisch winkte ab und verwies auf Franz Werfels *Juarez und Maximilian.* Dabei enthüllte Kisch, daß sein Großonkel der Leibarzt Maximilians gewesen sei und ihm intime Detailkenntnisse vermacht hätte. Das Thema hat von Cziffra seither nicht mehr losgelassen, und er beschließt, Kisch in Prag aufzusuchen, um mit seiner Hilfe die wahre Geschichte des Österreichers auf dem mexikanischen Thron zu verfilmen.
»Ich erzählte sogleich O. W. von diesem Plan. Er war von der

Idee begeistert und gestand mir, schon lange davon geträumt zu haben, die Rolle des unglücklichen Erzherzogs zu spielen. Ich warnte ihn. Der Erzherzog war weniger unglücklich als ungeschickt, naiv, unbedarft, er war ahnungslos einem riesigen Schwindel aufgesessen. Ich schlug O. W. vor, lieber den Anführer der Aufständischen, den späteren Sieger Benito Juarez, zu spielen. Aber O. W. wollte seinen Erzherzog haben. Fast drei Stunden stritten wir uns über ein Drehbuch, das dann nie geschrieben, über einen Film, der nie gedreht wurde.«

O. W. Fischer bewohnt inzwischen mit seiner Frau eine ge-

Gespannte Leidenschaft zwischen dem Maler Anselm Feuerbach (O. W. Fischer) und seinem Modell Nanna (Marianne Schönauer) in »Das unsterbliche Antlitz« (1947).

schmackvolle Wohnung in der Wiederhofgasse. Die legendäre Sammelleidenschaft zeichnet sich in ersten, erlesenen Antiquitäten ab. Und auch wenn er schon immer prinzipiell nur Loge saß, erster Klasse reiste und sich elegant kleidete, so kann er es sich jetzt erstmals wirklich leisten. Da er nie an die Genialität der Not glaubte und es vorzieht, keine finanziellen Sorgen zu haben, dreht er ohne allzuviel innere Anteilnahme einen Film nach dem anderen. »Man drückte die Augen zu und nahm das Geld, das man zu der Zeit nötiger brauchte als irgendwann. – Bis man die Geheimnisse der Materie – sprich Linse und Kamera – begriff. (...) Die Stories waren meist so idiotisch, wie sie heute (1977; d. A.) meist widerlich sind.

Bühnenpartner O. W. Fischer und Curd Jürgens als kriegs- und liebesgeplagte Trabrennfahrer in dem Film »Verlorenes Rennen« (1948).

Man schmierte damals Schmalz aufs Brot, wie sich heute die Impotenz als Brutalität manifestiert.«
Die neuen Filme folgen alten Strickmustern, der gepredigte Abschied von der Ufa führt nur zu »neuen Ufan«, das deutschsprachige Nachkriegskino ist von der alten Branche umzingelt und gibt sich ihr willig hin. Die Kinogänger suchen in Schmalzopern Ablenkung und vergessen darüber, daß sie in der Vergangenheit nicht Opfer, sondern Täter waren. Die Altprofis der Propagandafilme wiegen sie in Ruhe, versprechen dem Publikum Wiedergutmachung und trösten es über die Verluste hinweg. Hunderte von Ufa-Filmen aus dem tausendjährigen Reich überschwemmen den Markt und ersticken jeden Ansatz eines neuen deutschen Films. Wer gegen deren prachtvolle Verlogenheit ankommen will, muß noch tiefer in die Rührkiste oder Wundertüte greifen. Wie die Filmarbeiter kommen auch sukzessive die alten Politiker, Beamte und Offiziere wieder in Würden. Gemeinsam machen sie Deutschland und Österreich wieder funktionstüchtig.
Daß keiner diesen Krieg wollte, läßt 1948 die Dreiecksgeschichte *Verlorenes Rennen* glauben. O. W. Fischer als österreichischer Jockey kämpft mit Curd Jürgens, einem schottischen Jockey, zwar um Rennsiege und dieselbe Frau. Aber in den Kriegsjahren sind sie beide sympathische Opfer, die das im Kampf Erlebte, oder vielmehr Erlittene, erschüttert. In dem von Briten initiierten Episodenfilm *A Tale of Five Cities* teilen sich Deutschland und Österreich mit den Siegermächten die Credits. Die Geschichte eines unter Amnesie leidenden alliierten Fliegers, der in Rom, Paris, London, Berlin und Wien nach seiner Identität sucht, zeigt die Gemeinsamkeit Europas im verbindenden Trümmerelend. Ein Zuviel an starren Opfermimen und düsteren Ruinen ist aber auch nicht wünschenswert. O. W. Fischers nächste Filme verwickeln ihn als schmucken Vize-Präfekt *(Märchen vom Glück)* oder gar König *(Rosen der Liebe)* üppiger Phantasiestaaten in märchenhafte Liebesgeschichten mit einem erfrischend neuen sinnlichen Typ Frau (Nadja Gray, Nadja Tiller).
Mit diesen aus Liebe ihr Amt opfernden Honoratioren zeichnet sich zum Wechsel des Jahrzehnts ein neues Rollenfach für

O. W. Fischer ab, das er 1950 perfektioniert. *Erzherzog Johanns große Liebe* leitet seinen Abschied von der Bühne und den endgültigen Durchbruch als publikumsträchtiger Filmstar ein. Vielschichtig birgt die Geschichte der verbotenen Liebe Erzherzog Johanns zur Postmeisterstochter Anna Plochl sämtliche fremdenverkehrswerten Posten Österreichs (Jodlerfolklore, Liebesromantik, Adelsflair) in einer intelligenten Mischung mit den psychologisierenden und philosophierenden Ansichten eines Rebellen. Regisseur Hans Schott-Schöbinger setzt der populären Gestalt der österreichischen Kulturgeschichte nicht einfach nur ein gleißendes Denkmal, sondern charakterisiert sie als tragische, zerrissene Figur, woran O. W. Fischer mit seiner einfühlsamen Darstellung nicht unbeteiligt sein dürfte.

Ihm liegt diese kaiserliche Hoheit, die der eisigen Hofetikette entflieht, um an der Seite seiner bürgerlichen Frau hart arbeitend die Freiheit zu gewinnen.

In der Bundesrepublik und Österreich setzt sich *Erzherzog Johanns große Liebe* als einer der erfolgreichsten österreichischen Nachkriegsfilme durch. O. W. Fischer nutzt die so gewonnene Popularität, um sich aus dem Burgtheater-Ensemble zu lösen, wo er inmitten der starken Konkurrenz nicht immer seine Wunschrollen durchzusetzen vermochte. Österreichs Feuilletons reagieren auf diese Absatzbewegung empört und finden in Hans Weigel, dem Theaterkritiker der »Salzburger Nachrichten« ein Sprachrohr: »Sie aber stellen sich wahllos, bedenkenlos und kritiklos einer Industrie zur Verfügung und fragen nur nach Terminen, Gagen und der Größe Ihrer Rolle. Auf der Bühne würden Sie die Mittäterschaft an Unsinn und Kitsch solcher Art mit Recht ablehnen; warum schweigt dieses künstlerische Gewissen im Atelier? Nur weil Sie das Zehn- bis Hundertfache verdienen? Sie haben Ihren Beruf gewählt, um den Hamlet zu spielen, und Sie haben ihn aufgegeben um *Bis wir uns wiedersehen* zu spielen.«

In Deutschland läuft *Erzherzog Johanns große Liebe* 1951 an. Und hier soll die Entscheidung über O. W. Fischers weitere Zukunft fallen. Nicht nur weil Österreichs Filmmarkt zu klein ist, um einen Star an sich binden zu können, sondern

Königspracht im Nachkriegselend: O. W. mit Nadja Tiller im Tingeltangel-Melodram »Rosen der Liebe« (1949).

weil Fischer mit seinem Wesen als Dichter und Denker einfach in Goethes Heimat gehört. Maria Schell: »Er ist deutsch im besten Sinne des Wortes, nicht so sehr körperlich, sondern wegen seines sehr romantischen Herzens, in seiner Art zu spielen, in seinem Gottesglauben, wegen seiner Liebe zur

»Erzherzog Johanns große Liebe« (1950) zur Postmeisterstochter (Marte Harell) führt zum Zerwürfnis des rebellischen Prätendenten (O. W.) mit der kaiserlichen Familie.

Musik und seiner Neigung zur Metaphysik. Aus diesen Gründen kann er als typisch deutsch gelten. Curd Jürgens dagegen ist international.«
Daß er seinen Weg machen würde, schien möglich. Aber die Art, wie O. W. Fischer seine unaufhaltsame Karriere in den

fünfziger Jahren angeht, verblüfft viele Profis, etwa den PR-Fuchs Karl H. Kaesbach: »Wie der Fischer seine Karriere geschafft hat, ist sein ganz persönliches Geheimnis. Nie hat er irgendwie seine Publicity gefördert. Wenn man bedenkt, wie früher die Ufa ihre Leute herausgestellt hat! Der Fischer war immer nur ungeheuer von sich selbst überzeugt, und so hat er schließlich die Leute überzeugt.«
Die Ära des Wiederaufbaus und des Wirtschaftswunders half ihm dabei. Es war die richtige Zeit, um im Film Karriere zu machen. Und er war der richtige Mann für diese um neue Ideale und Ziele ringende Zeit. Das Wirtschaftswachstum spiegelte sich in den Produktionsbedingungen und in den Inhalten der Filme. Mit Bundesbürgschaften, wirtschaftlichen Hilfsplänen und der Gründung der Berliner Filmfestspiele bekannte sich die Bundesregierung zum Wirtschaftsgut Film und förderte das Produktionsaufkommen.
Steigende Zuschauermengen strömten in die Kinos, um auf der Leinwand die Folgen und Risiken des neuen Wohlstands vorgeführt zu bekommen. Das Kino der fünfziger Jahre mahnte, sich der Tradition zu besinnen und nicht nur dem schnöden Mammon zu vertrauen. Es führte uns vor, wie der Verlust aller Ideale Zyniker schafft und der Kommerz Ärzte und Künstler verdirbt. Wie ein Briefkastenonkel erinnerte es junge Paare daran, daß Bausparvertrag und Sicherheit nicht ausreichen und nur Liebe und Leidenschaft Glück verheißen. Und es erinnerte an Schuld und Außenstände der bilanzierten Vergangenheit. Die offene Rechnung der Geschichte sorgte in fast jedem Film für dunkle Schatten. Der Verlust von Heimat und Gütern *(Heidelberger Romanze),* das MG-Nest während der Rußland-Offensive *(Ich suche dich),* ein Flüchtlingsschicksal *(Solange Du da bist),* der Veteran ohne erlernten Beruf *(Bis wir uns wiedersehen, Ein Herz spielt falsch).*
O. W. Fischer war aber nicht nur ein der Vergangenheit hinterhergrübelnder Romantiker, sondern strich immer auch die andere Facette, den Tatmenschen, heraus. Die Trümmerfrauen hatten ihre Schuldigkeit getan und konnten wieder in den Schoß der Familie zurückkehren. Hier war ein Mann, der – wenn er erst mal ein Ideal, ein Ziel vor Augen hatte, selbst-

los der Menschheit diente. Ein erster Workaholic, der bar jeden Privatlebens seine schlafraubende Arbeit mittels ruinösen Kaffee-, Alkohol- und Nikotinmißbrauchs durchhielt. Er bewies, daß die Insignien dieses Lebensstils, der Dreitagesbart, die fehlende Krawatte, ein flackernder Blick, die vor allzuviel Nähe Schutz bietenden Zynismen, sexy sein konnten. Dieses strikte Leistungsdenken seiner Figuren lag O. W. Fischer sehr, der – ohne Drogenhilfe, aus reiner Willenskraft – zu den ernsthaftesten, ja fanatischsten Arbeitern im Filmge-

Die Affäre mit einer verheirateten Frau beschert dem Bergsteiger Faber (O. W.) »Verträumte Tage« (1950/51) in tödlicher Naturkulisse.

Sorgenvoll betrachtet der Medizinstudent Hans Joachim (O. W.) die offenbar kleptomanischen Fehlgriffe der reizenden Susanne (Liselotte Pulver) in »Heidelberger Romanze« (1951).

schäft zählte. Eine Art Schöner-Mann-Trauma ließ ihn seinem Aussehen und Talent zutiefst mißtrauen. »Ich gehöre zu den Leuten, die es sich nie leicht gemacht haben und nie leicht machen.« Sein Hauskomponist Hans-Werner Majewski: »Fischer ist ein Tüftler und Probierer, ob im Atelier oder im Schneideraum.« Immer wieder verwirft er, was er eben akzeptierte, schwankt zwischen verschiedenen Möglichkeiten. Dabei hört er sich Kritik von Leuten, die er für tüchtig hält und die entschlossen genug sind, ihre Meinung zu vertreten, geduldig an und gibt ihnen auch nach.

Nach einer kurzen Rückkehr zum Heimatgenre als Bergsteiger in der deutsch-französischen Ko-Produktion *Verträumte Tage* tritt O. W. Fischer zu seiner ersten Hauptrolle in einem deutschen Film an. *Heidelberger Romanze* heißt die Verwechslungskomödie um den Studenten Hans Joachim, der sich in die vermeintliche Kleptomanin Susanne (Liselotte Pulver) verliebt, die in Wirklichkeit eine Dollarprinzessin ist. Der Film besticht durch drei kunstfertige Elemente. In einer Rückblende erleben wir Susannes Vater (Gunnar Möller) bei seinem Heidelberger Studienaufenthalt im Jahre 1912 und laben uns am Schauspiel der Burschenschaften und Studentenromanzen, bis sie der Erste Weltkrieg erschüttert. Parallel dazu erlebt ein Student der Gegenwart (Hans Reiser) die »moderne« Heidelberger Studentenidylle im Liebestaumel: stille Gassen, gemütliche Weinstuben und eine Schloßruine, die mit der überstandenen Trümmerzeit gottlob nichts zu tun hat. Folklore pur.

Mittendrin aber O. W. Fischer als Hans Joachim. Sein erster Auftritt ist Starkino. Wie eine Diva führt man ihn mit seinem Markenzeichen ein. Man sieht ihn noch gar nicht, da hört man schon sein nasales, nuschelndes Wiener Organ, da weiß das Publikum im Parkett: O. W. Fischer ist bei uns. Dieser Mann kann unmöglich nur die Rolle eines pragmatischen Medizinstudenten haben, der selbstgerecht von einem Fettnäpfchen in das andere tappt. Und tatsächlich, nach diesem ersten Eindruck, rückt Hans Joachim mit der Sprache raus: »Ich hab vor ein paar Jahren gedacht, es geht gar nicht weiter.« Hans Joachim ist Prinz von Reinigen, ein adeliges Vertriebenenschicksal, das sich sein Studium mit Schloßführungen finanziert, aber Trinkgelder dankend ablehnt. »Seit 1945 ein armer Teufel«, der Susanne galant zum Essen einlädt. Und was gibt's? Königsberger Klopse. Das Publikum liebt dieses deutsche Schicksal und trägt O. W. Fischer ein Stück weiter zum Zenith.

Das deutsche Kino formt sich O. W. Fischer, der einen fleißigen Filmausstoß an den Tag legt. *Das letzte Rezept,* ein Melodram um einen Apotheker, der seine Frau (Heidemarie Hatheyer) betrügt und Drogen ausgibt, bringt ihn unter die Fittiche des Regisseurs Rolf Hansen, der Fischer hart rannimmt, seinen Stil kritisiert und verbessert. Die Verwechslungskomödie *Ich hab mich so an dich gewöhnt* bleibt ein belangloses Zwischenspiel daheim in Österreich, wo er nun bereits das

dritte Mal, nach dem *Märchen vom Glück* und *Rosen der Liebe* (1949), auf Nadja Tiller trifft.
Sein nächster Meilenstein ist die Zusammenarbeit mit Luggi Waldleitner. Nach einem Aufstieg vom Kabelträger bei Leni Riefenstahl zum Herstellungsleiter zahlreicher Filme, macht sich Waldleitner 1952 selbständig und gründet die Münchner Roxy-Film. Sein Debüt als Produzent, die erste Zusammenarbeit mit O. W. Fischer, stellt der Heimatfilm *Tausend rote Rosen blühn* dar, der Fischers Renommee in Deutschland festigt. Als hochbegabter Ingenieur verliert er hier durch Intrigen seine Braut an einen Bauern, brennt nach seiner Rückkehr mit der inzwischen verheirateten Mutter eines Kindes

Erfolg am Bau kann selbst in Wirtschaftswunder-Zeiten nicht gegen bäuerliche List ankommen, weshalb dem Ingenieur (O. W.) statt Liebesglück nur ein Kamerad (Josef Sieber) bleibt, wenn »Tausend rote Rosen blühn« (1952).

durch und verliert sie wieder an ihr kleines Familienglück. Fischer, ganz Leidenschaft, ganz Geisteskraft, bringt den Film unter die zehn ersten Kassenerfolge des Jahres.

Angesichts der um zwölf Jahre älteren Ehefrau O. W. Fischers erscheint seine Paarung mit Zarah Leander in dem gerontophilen Melodram *Cuba Cabana* etwas delikat, besonders wenn Zarah von einer »Frau in meinen Jahren« singt und der Kameramann Probleme mit den Großaufnahmen der nicht mehr taufrischen Diva hat. Statt Erotik setzt man hier auf Exotik und läßt O. W. Fischer als rasenden Reporter nach Lateinamerika reisen. Die politischen Unruhen sind für den Zuschauer nicht viel aufregender als die alternde Hauptdarstellerin mit ihrer stereotypen Leidenstour, die Liebe zwischen ihr und Fischer erscheint unglaubwürdig, und wenn Fischer nicht einen pointenreichen Text hätte, wäre der Film eine einzige Kapitulation. »Die Zeit war nicht stehengeblieben. Der Ufa-Stil erwies sich als überholt, der Typ der sündigen Grande Dame war nicht mehr gefragt, Verzicht und Aufgabe waren keine erstrebenswerten Tugenden mehr« (Paul Seiler).

Nicht nur die sündige Grande Dame, sondern die Typen des veralteten Studiosystems im allgemeinen hatten an Terrain verloren und sahen einen neuen Stern an sich vorüberziehen. Kein neuer Typ, sondern ein Mensch aus Fleisch und Blut, gefühlsstark, mit einer natürlichen Bandbreite stiller und lautstarker Effekte. Maria Schell hatte die Filmwelt betreten und mit nur zwei Filmen ein Millionenpublikum erobert. Deutschland liebte sie und Dieter Borsche, ihren Partner in *Es kommt ein Tag* und *Dr. Holl*. Uschi Borsche liebte nur ihren Mann Dieter und verhinderte sein drittes Projekt an Marias Seite, die aus künstlerischen Gründen sehr weit zu gehen pflegte, damit die Liebesszenen authentisch wirkten: »Die Liebe zu Dieter hat lange gedauert, und sie hat uns beiden sehr weh getan. Dieter war verheiratet. Die Kinder, Uschi, seine Frau. Es schien für alle Ewigkeit unmöglich, zusammenzubleiben.«

Konsterniert sieht sich Luggi Waldleitner von dieser Entwicklung überrollt. Er hat ein Filmprojekt, *Bis wir uns wiederse-*

hen, sechs Millionen potentielle Zuschauer, Maria Schell unter Vertrag – nur keinen Dieter Borsche mehr. Da greift er auf die Erfahrung aus *Tausend rote Rosen blühn* zurück und holt O. W. Fischer. Mit diesem Glücksgriff ersetzt er das Filmpaar Borsche-Schell durch das Traumpaar der fünfziger Jahre, wenn nicht sogar das wirkungsvollste Paar der deutschen Filmgeschichte. O. W. Fischers kalter, scheinbar gefühlloser, in seine Vergangenheit verstrickter Tatmensch trifft von nun an auf Maria Schells beharrlich forderndes, gefühlsgeprägtes Seelchen. Ihre Ikone des Leids ist im Gegensatz zu Zarah Leander ein starker, zu Zerstörung wie Selbstzerstörung fähiger Mensch, eine Persönlichkeit der Nachkriegszeit.
Vor der Kamera hält diese Beziehung über fünfunddreißig Jahre lang, wie Maria Schell erstaunt resümiert: »Es ist unglaublich, daß zwei Menschen einander so sehr künstlerische Heimat sein können, daß sie eine fehlende Szene miteinander spielen können, ohne auch nur ins Buch zu schauen. Ich weiß nur von wenigen Paaren, die über ein Leben diese künstlerische Nähe halten konnten.« Acht gemeinsame Spiel- und Fernsehfilme verbinden ihre Karrieren: *Bis wir uns wiedersehen* (1952), *Der träumende Mund* (1952), *Solange Du da bist* (1953), *Tagebuch einer Verliebten* (1953), *Napoléon* (1954), *Das Riesenrad* (1961), *Teerosen* (1976) und *Herbst in Lugano* (1988).
Sie finden sich aber auch in einer geistigen Verwandtschaft, im Glauben an Eingebungen und in Trancezuständen. Beide praktizieren ein animalisches Schauspielersein, direkt aus dem Bauch der Intuition, dem Zustand der Unmittelbarkeit heraus. So sehr stimmen ihre Wellenlängen überein, daß Maria Schell sogar einmal O. W. Fischer als Medium hilft. Nach dem Verschwinden einer Lieblingskatze, die ihn stets zu den Dreharbeiten begleitet, holt O. W. Fischer einen Hypnotiseur, um das Tier wiederzufinden. Doch Fischer ist durch das Geschehen zu aufgewühlt, zu verkrampft, weshalb Maria Schell als Medium dient. Unter Hypnose weist sie O. W. Fischer den Weg zu seiner eingesperrten Katze.
In einer weiteren Gemeinsamkeit trifft sie der Zorn der Filmindustrie. Unabhängig voneinander setzen sie in ihrer Kar-

riere forcierte Gagenansprüche und Mitbestimmungsrechte parallel durch. Sie scheuen sich nicht, ihren Produzenten und Regisseuren zu widersprechen, und geben nur nach, wenn man sie wirklich überzeugt hat. Beide nutzen ihr Starpotential, um das Publikum aus dem Schnulzensumpf zur schöpferischen Filmkunst zu führen. Ihre Rollen legen sie nicht stereotyp an, sondern arbeiten deren Charaktereigenschaften

»Bis wir uns wiedersehen« – ihr erster gemeinsamer Film (1952) gibt Maria Schell und O. W. Fischer das Leitmotiv einer beispiellosen Zusammenarbeit, die über Fernsehfilme wie »Teerosen« (1976/77) bis in die achtziger Jahre währt.

heraus. »Man macht dem Publikum immer den Vorwurf, daß es die seichte Unterhaltungsware bevorzuge.« Dem widerspricht O. W. Fischer energisch. »Das ist nicht wahr. Ich habe die einfachsten Arbeiter bei Goethes *Faust* tief ergriffen gesehen, ich habe halbe Kinder bei Beethovens *Fidelio* weinen gehört. Das Publikum hat das Recht, für sein Eintrittsgeld das Beste zu verlangen. Und diesem Anspruch haben wir Künstler gerecht zu werden.«

Nur die Art der Liebesbeziehung zwischen Dieter Borsche und Maria Schell wiederholt sich hier kein zweites Mal. Im Juni 1952 begegnen sich Maria Schell und O. W. Fischer zum

Der Schellfisch genießt das kurze Glück einer aussichtslosen Liebe in »Bis wir uns wiedersehen« (1952).

ersten Mal im Studio Göttingen, wo *Bis wir uns wiedersehen* hergestellt wird. »Er kniete vor mir nieder, der O. W. – In der Kantine, im Gästehaus. Vor allen Leuten. Romantisch. Strahlend, ganz sicher, zu siegen. – Er hauste mit Nanni, seiner Frau, und dem Kater Micherl im rückwärtigen großen Zimmer und verwirrte mein Leben sehr. Er war auch zum Verwirren. Schön, unglaublich schön, mit seltsam einsamen Gedanken und Idealen, fremd, ganz anders als alle Menschen, die ich kannte. Aber auch schwierig. Für mich und mein brennendes Herz war es gut, so wie es war. Ich konnte ihm nur minutenweise nahe sein. In der Garderobe. Auf dem Studiogang – vielleicht einmal eine halbe Stunde auf dem Weg durch die Felder – zum Gästehaus zurück. Die ganze Liebe floß in die Rollen, und das muß das Publikum gespürt haben. Wir wurden ein Liebespaar.«

Die Nachkriegstragödie von der unglücklichen Liebe einer Schwindsüchtigen zu einem entwurzelten Ex-Offizier wird zum Präzedenzfall für die ständigen Schwierigkeiten des

Schellfischs mit Regie und Produktion. Das in ihren Augen hervorragende Buch wird vor Drehbeginn vom regieführenden Ufa-Veteran Gustav Ucicky umgeschrieben. O. W. Fischer und Maria Schell erscheint es nun kraftlos, verflacht, und sie äußern ihre Kritik auch so offen, daß Nanni sie zur Vorsicht mahnt, »es kommt immer der Tag der anderen«. Doch die Einwände der Schauspieler werden nicht berücksichtigt. Das Geld siegt scheinbar über die Kunst, die Dreharbeiten folgen dem neuen Skript. Zur Premiere des fertiggestellten Films verschickt das übergangene Autorenpaar Johanna Sibelius und Eberhard Keindorff sein ursprüngliches Drehbuch an die Filmkritiker, um sich von der Endfassung zu distanzieren. Dem Publikum gefällt *Bis wir uns wiedersehen* auch nicht, doch Maria Schell und O. W. Fischer haben schon das nächste As im Ärmel, das Remake eines Elisabeth-Bergner-Erfolges von 1932.

Der träumende Mund war ein weiterer Klassiker des *Caligari-*

Vor dem Kassenerfolg unterlag »Der träumende Mund« (1952) zahlreichen Zensurschnitten, bei denen O. W. Fischer, Maria Schell und Frits van Dongen das Nachsehen hatten.

Schöpfers Carl Mayer. Der 1944 verstorbene Autor war in den Augen des Kameramanns Karl Freund »der einzige hundertprozentige Drehbuchautor. (...) Ein Drehbuch von Mayer war bereits ein Film.« Doch bei dem Remake von Josef von Baky ging wohl etwas schief. Am Ende hatte man – je nach Auffassung – viele Bücher, aber keinen richtigen Film oder kein Buch, aber einen Produzenten und mehrere Filme. Auslöser des Tohuwabohus ist der Streit um den Ausgang dieses gefühlsstarken Melodrams: Eine junge sensible Frau führt mit ihrem betulichen, von Ordnung und Sicherheit abhängigen Mann (O. W. Fischer) eine glückliche, etwas langweilige Ehe. Da stellt der Mann ihr einen Jugendfreund (Frits van Dongen) vor, mit dem die Frau aus Koketterie ein Verhältnis anfängt. Unerwartet drängen die Besitzansprüche beider sie in die Enge. Sie kann sich aber nicht zwischen dem leidenschaftlichen Geliebten und dem auf sie angewiesenen Gatten entscheiden und zieht – laut Drehbuch – den Freitod strittiger Liebe vor.

Der Produzent stößt sich kaum daran, daß O. W. Fischer seinen Nebenbuhler Frits van Dongen derart überstrahlt, daß keiner Frau der Welt einfallen würde, ihn zu betrügen oder gar zu verlassen. F. A. Mainz entsetzt allein die Vorstellung, daß die Schell bei einem Mann wie O. W. Fischer ins Wasser geht. Rigoros lehnt er dieses traurige Ende ab und will, daß die Schell und der Fischer sich kriegen. Im Schulterschluß mit von Baky weisen die Stars das geforderte Happy-End zurück und leisten der Produktion energisch Widerstand. Darauf droht der Produzent, den Regisseur auszuwechseln, doch Maria Schell und O. W. Fischer halten zu von Baky. Als durch die Verzögerungen die den Film finanzierende Bundesbürgschaft zu platzen droht, einigen sich die Parteien auf einen Kompromiß. Im Atelier dreht man sowohl die Selbstmordfassung als auch eine mit offenem Ende. Die Freiwillige Selbstkontrolle der Filmwirtschaft soll dann bei Vorlage des fertigen Films zwischen beiden auswählen. Auf den Druck der Kirchen hin wandert schließlich die Selbstmordversion von *Der träumende Mund* in den Müll.

Nach der Premiere im Januar 1953 reagiert das Publikum ratlos auf die am Schluß unentschlossen durch die Straßen irrende Maria Schell. Dieser Schluß kommt nur mäßig an, worauf der Produzent fünf Wochen später den Film aus dem Verleih nimmt und umschneidet. Eine beschauliche Ehe-Idylle vom Anfang der Geschichte wird ganz einfach ans Ende des Films gesetzt und zeigt, der bisherigen Handlung zum Hohn, ein glücklich wiedervereintes Paar. Verbittert muß Maria Schell dieses aufgesetzte Happy-End hinnehmen. »Wir waren machtlos. Das Material, so steht es im Vertrag, gehört dem Produzenten. Seither verlange ich in meinen Verträgen, daß ich die Schnittkopie einsehen darf, und wenn sie nicht dem von mir akzeptierten Drehbuch entspricht, darf ich die Angleichung verlangen. O. W. Fischer half mir – immer. Das hat uns gleich von Anfang an zusammengebracht. Er sagte: Weißt du, allein bin ich zu müde zu kämpfen.« Nur – für den Produzenten hat sich der Kampf in Mark und Pfennig ausgezahlt. In seiner neuen Fassung gehört *Der träumende Mund* zu den erfolgreichsten Filmen der Saison.

Siebzehn Jahre nach *Burgtheater* schreibt Jochen Huth 1953 ein neues Drehbuch über das Verhältnis der Schauspielkunst zur Wirklichkeit. Aber inzwischen ist das hehre Theaterleben durch die Filmindustrie abgelöst worden, und *Solange Du da bist* wird kein Loblied auf die Künstlertugenden, sondern ein Abgesang auf die Traumfabrik. Der unspektakulär nachvollzogene Weg einer Flüchtlingsfrau (Maria Schell) in die Innenwelt der Studios wird zum dramatischen Kampf zwischen Kino und Realität, zwischen einem Regisseur, der ihr Leben verfilmen, und dem Ehemann, der ihr Leben retten will. Regie führt der Pfarrerssohn Harald Braun, der nach Anstellungen beim Evangelischen Volksbildungswerk und beim Evangelischen Presseverband nunmehr den ökumenischen Film publikumswirksam zelebriert.

Als satanischen Regisseur will Braun ursprünglich Gustaf Gründgens besetzen. Nach dessen Absage ist O. W. Fischer Harald Brauns zweite Wahl: »Wir haben in Deutschland diesen Typ nie gehabt. Bei uns gab es immer nur die netten, liebenswürdigen, braven, wie den Fritsch. Mit der Zunahme der Saturiertheit hat das Publikum mehr Gefühl für den

Schlüsselbericht aus der Filmindustrie: Ein dämonischer Regisseur (O. W.) mißbraucht ein Vertriebenenschicksal (Maria Schell) in »Solange Du da bist« (1953).

homme fatal bekommen, und Fischer ist ein Mann mit ungewöhnlicher intellektueller Nervosität. Er ist ein Intuitions-Schauspieler mit einer exzeptionell erfinderischen Phantasie. Bequem ist es nicht, aber lieber stöhne ich unter einem Menschen, und es kommt etwas Positives heraus, als daß ich's bequem habe, und es wird mittelmäßig.«
Tatsächlich bringt O. W. Fischer den Regisseur zum Stöh-

nen, da ihm an der Handlung mißfällt, daß die Frau von ihrem Mann (Hardy Krüger) zurückerobert wird. O. W. Fischer, der umschwärmte Liebhaber, als Verlierer? Doch Harald Braun überredet ihn: »Ich bemühte mich vor allem, die Schauspieler nicht in ihrem bisherigen Rollenkreis einzusetzen, um ihnen echte neue Aufgaben zu bieten. Wesentlich schien mir auch die ideologische Maserung des Stoffes: Wir von der ›Neuen Deutschen Filmgesellschaft‹ sind ja immer bemüht, gewisse existentielle Lebensfragen anzugehen. Das Milieu des Ateliers schien uns geeignet, aufzuzeigen, wie der heutige Mensch immer in Gefahr schwebt, innerlich heimatlos zu werden. Dieses Milieu vermag die Eigengesetzlichkeit des Individuums zu demonstrieren, wonach das Schicksal jedem nur einen zugewiesenen Raum beläßt.«
Mit seiner Entscheidung, den Regisseur zu spielen, katapultiert sich O. W. Fischer zusammen mit Maria Schell an die Spitze aller deutschen Schauspieler. Während Jochen Huth für sein Drehbuch mit dem Silbernen Filmband, dem Deutschen Filmpreis für das beste Drehbuch, ausgezeichnet wird, und *Solange Du da bist* ein enormer Kassenerfolg wird, kürt das Publikum O. W. Fischer erstmalig zum Bambi-Gewinner. Zusammen mit Maria Schell löst er bei jedem öffentlichen Erscheinen Massenaufläufe aus. Einmal überredet Maria Schell ihren scheuen Partner, nach Drehschluß aufs Münchner Oktoberfest zu gehen. Sie zieht sich eine schwarze Perücke an, ein riesiges Kopftuch über und tarnt sich auch noch mit einer großen Sonnenbrille. O. W. Fischer behilft sich mit einem Steirerhut und einem falschen Bart. Von der Arbeit im Atelier ausgehungert, verspüren sie Lust auf ein Wiesnhendl, kaufen es an einer Bude, stellen sich mit dem Rücken zum Strom der johlenden Biermassen und futtern genüßlich los. Als sie sich umdrehen, applaudieren ihnen Hunderte von Menschen. Mit fettigen und verschmierten Fingern müssen sie Autogramme geben und versuchen, der Menschentraube zu entkommen. An Karussell oder Geisterbahn ist gar nicht mehr zu denken.
Noch bedrohlicher verläuft eine Autogrammstunde im Wiener Kaufhaus Gerngroß, an die sich Maria Schell schaudernd

erinnert: »Das Kaufhaus mußte geräumt werden mit seinen Balkonen und Balustraden. So viele Menschen. Man versuchte, O. W. und mich über die Dächer der Nachbarhäuser zurück auf die Straße und zu unserem Auto zu schleusen; unmöglich. Das Auto wurde trotz Chauffeur und angezogener Bremse von den Massen immer weiter von uns weggeschoben. Die Polizei hatte uns beide in einem festen Ring, Körper an Körper. Ich hörte es mehr als ich es sah – eine Frau mit Kind war gestürzt. Die Massen drängten über sie weg. Die Polizei brach den Ring um uns. Ich wollte die Frau hochreißen, das Kind. Panik. Die Hysterie nahm kein Ende. Aber es hatte längst nicht mehr mit uns zu tun.«

Ihr vierter gemeinsamer Film in schneller Folge wechselt von

Glückliche Zeiten aus dem »Tagebuch einer Verliebten« (1953) mit Maria Schell, O. W. und Margarethe Haagen.

den Nachkriegsdramen ins Komödienfach. Das Drehbuch von Emil Burri und Johannes Mario Simmel läßt Maria Schell und O. W. Fischer in *Tagebuch einer Verliebten* genügend Raum für die Spontaneität ihrer Pointen, die um die Eifersüchteleien eines jungen Paares kreisen. Curt Riess schwärmt: »Es geschieht eigentlich gar nicht viel in diesem Film, nur das, was in unserer Zeit so vielen Männern und jungen Frauen geschieht. Aber wie ist das gemacht! Mit wieviel Humor und Augenzwinkern. Und wie wird das von den beiden Hauptdarstellern gespielt! Niemals war O. W. Fischer so gelöst wie in diesem Film, so ganz großer Junge, so uneitel und gerade deswegen so liebenswert. Niemals war die Schell so einfach, so selbstverständlich, so ganz der Situation, in der sie gerade drinsteckt, hingegeben.« Im Gegensatz zu seiner Wirkung auf der Leinwand ist O. W. Fischer hinter den Kulissen ganz der alte. Nach den Dreharbeiten in München, Lindau und dem Tessin verzichtet Regisseur Josef von Baky auf weitere gemeinsame Filme: »Warum soll ich mir von ihm noch einmal auf den Nerven herumtrampeln lassen. Es gibt noch andere Schauspieler, genauso gute, solche ohne Cäsarenwahn.«

Im Jahre 1953 hält O. W. Fischer keineswegs nur an Maria Schell fest, sondern probiert auch Ruth Leuwerik und Hildegard Knef als Partnerinnen aus – diesmal mit umgekehrtem Vorzeichen. Während die Schell in *Bis wir uns wiedersehen* die Lokomotive war, bewährt sich jetzt O. W. Fischer als Schrittmacher für Ruth Leuwerik, der dank seiner Hilfe in ihrem vierten Film, *Ein Herz spielt falsch,* endlich der Durchbruch gelingt. Im Unterschied zur tränenumflorten Erscheinung Maria Schells heult Ruth Leuwerik nicht vor, sondern läßt das Publikum weinen. Als vom Tode gezeichnete Industrieerbin verwandelt sie mit ihrer Leidenskraft O. W. Fischer vom Erbschleicher in einen sie wahrhaft liebenden Gatten. O. W. Fischer bewährt sich wieder einmal als undurchsichtiger, von der Vergangenheit gequälter Abenteurer, den die Liebe einer Frau von aller Schuld befreit.

Bei den III. Berliner Filmfestspielen 1953 bejubeln die Festivalbesucher dieses düstere Melodram, das in der folgenden

»Ein Herz spielt falsch« (1953): In Dalmatien feiert der Mitgiftjäger (O. W.) die Eroberung der todkranken Millionenerbin (Ruth Leuwerik).

Kinoauswertung Platz eins der Erfolgsrangliste belegt. Eine Erklärung dieser uneingeschränkten Resonanz ist die Herkunft des Drehbuches. Der modernen Bestsellerverfilmung entsprach in den fünfziger Jahren der Illustriertenroman, der in Fortsetzungsfolgen authentische Ereignisse dokumentierte oder packende Abenteuer- und Liebesgeschichten weiterspann. Die ersten Folgen einer Geschichte erschienen bereits vor Abschluß der weiteren Manuskripte, da durch Umfragen und Leserbriefe der Handlungsfortgang vom Publikum selbst gesteuert werden sollte. *Ein Herz spielt falsch* war solch eine Illustriertengeschichte aus der Feder des »Hör Zu«-Machers Eduard Rhein und fesselte bereits bei Abdruck in der Programmzeitschrift die Massen. Die Verfilmung stand dem in nichts nach. Denn »was die Illustriertenleser interessiert, interessiert auch das Filmpublikum« (Josef von Ferenczy).

Hildegard Knef lernte O. W. Fischer auf Initiative des großen alten Erich Pommer kennen. Zu Ufa-Zeiten hatte sich Pommer als Talentförderer und Produzent von *Das Kabinett des Dr. Caligari, Dr. Mabuse, Die Nibelungen, Metropolis, Der Blaue Engel* und *Der Kongreß tanzt* einen Namen gemacht und quasi den Deutschen Film nach dem Ersten Weltkrieg reorganisiert, bis ihn die neuen Machthaber 1933 ins Exil trieben. Als US-Filmbeauftragter kehrte Pommer 1947 in die amerikanisch besetzte Zone zurück, um erneut den deutschen Film mit seiner Produktionsfirma Intercontinental aufzubauen. Überzeugt von Hildegard Knefs Starpotential, beschäftigt er sie mehrmals und koppelt sie schließlich 1953 mit O. W. Fischer in *Eine Liebesgeschichte* zusammen. Fischer zeigt sich auch sehr kollegial und holt die junge Kollegin mit gelben Rosen von der Bahn ab: »Ich weiß, welche Künstlerin in ihr steckt und wie sehr auch sie den Menschen in jeder Rolle sucht.« Gegenüber den anderen Produktionsmitgliedern zeigt er sich so reizbar, daß man heimlich die Warnung »Vorsicht, bissig!« auf seinem Stuhl anbringt. Für Hildegard Knef und O. W. Fischer ist es ein einmaliges Intermezzo, zurück bleibt ein seltsam deutschtümelnder Kostümfilm um einen friderizianischen Offizier zwischen militärischem Pflichtbewußtsein und unstandesgemäßer Liebelei. Nur Kameramann Hans Schneeberger leistet Überdurchschnittliches und erhält den Deutschen Filmpreis.

Mit seinen zahlreichen Leinwandabenteuern hat sich O. W. Fischer nicht nur Wohlstand und Sicherheit erarbeitet, sondern auch Linse und Kamera, die Geheimnisse der Materie studiert. Er will nicht mehr nur irgendwelchen Regisseuren dreinreden, er setzt dazu an, selbst Regie zu führen. In dreijähriger Herkulesarbeit – von 1953 bis 1956 – schreibt, produziert und inszeniert er *Ich suche dich* mit Anouk Aimée, Nadja Tiller und – natürlich – O. W. Fischer in den Hauptrollen. Die Fertigstellung seines Debüts ist erst 1954 durch ein Abkommen mit der Royal-Produktionsgesellschaft gesichert, die O. W. Fischer unbedingt unter Vertrag nehmen will. Sein Preis ist hoch, und er setzt für damals ungewöhnliche Bedingungen durch. Zwischen Juni 1954 und Juni 1956 verspricht er vier bis fünf Royal-Filme zu drehen, wofür ihm 550.000 Mark Gage in steuerfreien Monatsraten von 20.000 bis 25.000 auszuzahlen sind. Neben dem dadurch geretteten *Ich suche dich* umfaßt die Kooperation die Projekte *Ludwig II.* und *Hanussen,* an denen Fischer umfassendes Mitspracherecht zugestanden wird.

Den Wechsel auf den Regiestuhl wagt O. W. Fischer nur mit einem Stück, das von seinem bevorzugten Autor Archibald Joseph Cronin stammt und ihm schon von der Bühne des Wiener Akademietheaters her vertraut ist: *Jupiter lacht,* ein sozialkritisches Drama aus dem Arztmilieu. Dessen Kern beschreibt Fischer als »die schwere, große Liebesbeziehung zwischen einem Mann, der an seine Wissenschaft, und einer Frau, die an ihren Gott glaubt. Dieser Konflikt zwischen Glauben und Wissen scheint mir eine der bewegenden Kräfte unserer Zeit zu sein. Wir haben versucht, ihn in einer sehr privaten Geschichte sichtbar zu machen.«

Vor der tiefverschneiten Kulisse eines oberbayerischen Sanatoriums hat Dr. Venner (O. W. Fischer) kein Auge für die Märchenschönheit der alten Tannen und Fichten. Besessen verbringt er ganze Nächte im Labor, um ein neues Serum zu entwickeln. Wenn er mal schläft, ist das Aufwachen für ihn ein Fluch. Orientierungslos hetzt er der Wahrheit, einer streng wissenschaftlichen Wahrheit, hinterher und kommt nirgends an. Seine Kollegen meiden ihn, belächeln sein revolutionäres Gebaren und bringen ihn mit ihrem Unverständnis zur Verzweiflung. Nur die Frau des Direktors (Nadja Tiller) findet an dem heftig rauchenden und trinkenden, stets unrasierten Wis-

Preußisches Pflichtbewußtsein unterbindet »Eine Liebesgeschichte« (1953) zwischen Rittmeister (O. W.) und Schauspielerin (Hildegard Knef).

senschaftler Gefallen und sichert sich ihren Teil seiner Leidenschaft.

Venners Forschungen nehmen ein unglückliches Ende. Im Mittelpunkt seiner Arbeit steht das malträtierte Herz des Weltkriegsveteranen Forster. Angesichts Forsters bevorstehenden Todes mißbraucht ihn Venner als Versuchsobjekt und probiert an ihm mit Einwilligung des Direktors sein Präparat aus. Doch der Alkohol läßt das Experiment tödlich ausgehen. Zynischerweise nicht Venners üblicher Suff, sondern eine Flasche Bier, die Forster entgegen strikter ärztlicher Indikation trinkt und nicht überlebt. Um seine Unschuld und die Wirkung seines Präparats zu belegen, geht Venner unbeirrbar seinen Weg und nimmt an dem Toten verbotenerweise Gehirnschnitte vor.

»Ich suche dich« (1953/55): Erst durch die Bibel finden der rüde Wissenschaftler (O. W.) und die engelsgleiche Medizinerin (Anouk Aimée) in ihrer Leidenschaft zueinander.

Eines Tages trifft eine junge Französin, Françoise Maurer (Anouk Aimée), ein, um sich im Sanatorium das Reisegeld in den Fernen Osten zu verdienen. Dort will das strenggläubige Mädchen die Missionsarbeit seines Vaters fortsetzen. Françoise spricht als Elsässerin nicht nur Deutsch, sondern auch die Sprache des Herzens. Sie durchschaut den an der Welt leidenden Dr. Venner, der wie ein Tintenfisch Gift spritzt, nicht um andere zu verletzen, sondern nur um sich zu schützen. Seinen Kapriolen zum Trotz sucht sie die Nähe zu ihm, ohne seine Worte ernst zu nehmen.
»Es gibt Tage, wo ich die Klinge lieber nicht in die Hand nehme.«
»Haben Sie Angst um Ihren Hals?«

»Nein, um Ihren!«
Auch wenn er den von ihr angebotenen Zucker für den Kaffee (»Nein danke, ich bin nicht so süß!«) oder ihre Hilfe zurückweist (»Ich brauche ein Labor und kein Bethaus.«), brüllt er nur aus Angst vor zuviel Nähe.
Schließlich schenkt Françoise ihrer Eroberung das Neue Testament zu Weihnachten. »Und es begab sich (...). Und es geschah.« Die Liebe eint sie auch im Glauben. Als die eifersüchtige Frau des Direktors Venners Labor und Forschungsergebnisse in Brand steckt, stirbt Françoise bei dem Versuch, das Werk ihres Geliebten zu retten. An ihrer Statt bricht nun Dr. Venner nach Indochina auf, um in einem Epidemiegebiet ärztliche Hilfe zu leisten.

Vor und hinter der Kamera kontrolliert O. W. Fischer mit »Ich suche dich« erstmals die schöpferische Machtfülle bei einem seiner Filme.

Die Dreharbeiten auf Schloß Seeleiten unweit von Garmisch zeigen O. W. Fischer konzentriert bei der Arbeit. Klaren Überlegungen folgen spontane Eingebungen. Der Umgangston ist behutsam, ruhig hört er seinen Mitarbeitern zu, folgt dann plötzlichen Gedankengängen und gibt sich neckisch, fröhlich. Nach einer Tagesszene auf einer verschneiten Bank im Schloßpark sagt er zum Garderobier: »Bitte, Strack, bringen Sie frische Windeln (...), ich bin hinten völlig durch!«
Der freundliche Ton wandelt sich erst bei der Premiere im Februar 1956. In heftigen Disputen mit der Presse sieht sich O. W. Fischer (»Ja, haben sie denn nicht gemerkt, daß es mir um etwas ging?«) einer bösen Kampagne ausgesetzt. Unisono wirft ihm die Kritik vor, nur gängigen Kitsch fabriziert zu haben, worauf er trocken entgegnet: »Das Leben ist voller Schnulzen.« Auf dem Internationalen Festival von San Sebastian werden *Ich suche dich* mit der »Silbernen Muschel« und O. W. Fischer für das beste Drehbuch ausgezeichnet.

Flimmernder Rausch

Während O. W. Fischer an seinem Gewaltakt laboriert, schwingt sich der deutsche Film zu neuem Selbstverständnis auf. Man ist wieder wer und löst sich von dem Kainsmal des Kriegsverlierers. Die Produzenten stürzen sich auf vom Zweiten Weltkrieg unbelastete Stoffe und neue Schauplätze. Den Bedarf an unbeschwerten Filmgeschichten löst man teilweise durch den Rückgriff auf die sorgenlose Ufa-Zeit vor 1933. Auf das Kinopublikum stürmt eine Flut von Remakes ein: *Die Drei von der Tankstelle, Der Kongreß tanzt, Mädchen in Uniform, Emil und die Detektive, Der Hauptmann von Köpenick, Das indische Grabmal* und vieles mehr. Neue Schauplätze belegen, daß die Deutschen in der Welt wieder wohlgelitten sind. Ob als Diplomaten, Industrielle oder Filmemacher. Neun Jahre nach dem Ende der Wehrmacht können jetzt Drehteams in fremde Länder einfallen, um das nach bunten Bildern gierende Deutschland zu befriedigen.
Madrid, Paris und Bayreuth sind die Etappenziele von Helmut Käutners *Bildnis einer Unbekannten* mit Ruth Leuwerik und O. W. Fischer. Dank seines überaus erfolgreichen Partisanenstücks *Die letzte Brücke* hat Käutner Carte blanche und wählt im April 1954 diese das Diplomatenleben karikierende Liebesgeschichte als nächste Filmarbeit. Stimmungssicher spürt er die privaten Konflikte im Auswärtigen Dienst auf und schildert, wie eine junge Diplomatengattin durch Intrigen das Vertrauen ihres Mannes verliert. In der Rolle eines seltsam-närrischen, tölpelhaft-charmanten Malers darf Fischer wahre Wunder vollbringen und einen Kontrapunkt zum steifen Staatsdienst setzen. Obwohl Käutner und Fischer im Dezember 1937 gemeinsam an den Münchner Kammerspielen waren, ist ihre Zusammenarbeit eher gespannt. Am ersten Drehtag grübelt Fischer für jedermann vernehmlich: »Zwei Genies in einem Film – ob das gutgeht?« Worauf Käutner um sich schaut und meint: »Wieso zwei? Außer mir seh' ich keines!«
Ein Genie braucht seinen Freiraum, und so macht O. W. Fi-

scher im Oktober 1954 Kassensturz und weiht sein neues Heim ein: das Katzenschlößl in Irschenhausen, ein weißes, weitläufiges Landhaus mit tirolerischen Anklängen und Blick auf das Karwendelgebirge. »Es ist der einzige Luxus, den ich mir leiste, ich habe fast mein ganzes Geld hineingesteckt.« Und tatsächlich verbirgt sich hinter dem hohen grünen Maschenzaun eine museumsreife Sammlung antiker Möbel und Teppiche, wertvoller Gobelins, Plastiken und Kunstschätze, deren Prachtstück ein Hausaltar ist. Der jeden Betrieb hassende, Filmbälle und Partys meidende O. W. Fischer hat endlich seinen Elfenbeinturm, von dem aus er nur dreißig Minuten zu dem Geiselgasteiger Bavaria-Atelier fährt. Hier, auf seinem Katzenschlößl, kann der passionierte Milchtrinker

Stimmungsbilder aus diplomatischen Kreisen und dem Pariser Künstlermilieu befriedigen in »Bildnis einer Unbekannten« (1954) die Gier der Zuschauer nach Filmhelden (O. W. mit Ruth Leuwerik) in weltläufiger Kulisse.

Mit Blick auf das Karwendelgebirge erholt sich Fischer im heimeligen Irschenhausen von der Arbeit in den nahegelegenen Bavaria-Ateliers.

mit Nanni zusammen endlich uneingeschränkt einen streng geregelten, gesunden Lebenswandel pflegen.
Gesetzt kann O. W. Fischer von seiner Villa auf eine stattliche Filmographie zurückblicken. »Die Rolle aber, die ihn unsterblich machen wird, die eines verklemmten Liebhabers,

eines vom Schicksal Gebeutelten, von Dämonen getriebenen« (»Der Spiegel«) steht ihm erst bevor: *Ludwig II.* unter der Regie von Helmut Käutner. »Es war kein großer Film. Intellektuelle Filmkritiker haben ihn ein weiß-blaues Märchen genannt. Trotzdem hatte der Film etwas von der Unwirklichkeit des Schicksals, die Ludwig II. umgab. Man konnte ihr nur nachtwandelnd folgen, um ihr gerecht zu werden«, beschreibt O. W. Fischer seine Annäherung an den mystischen Alpenkönig, den er als religiösen Einzelgänger versteht. Er schreibt sich einige Szenen auf den Leib, die diesen Zug herausarbeiten, aber vom entsetzten Helmut Käutner ersatzlos gestrichen werden: »Der König war ja wohl fromm, aber Ludwig II. auf du und du mit Jesus wäre nun wirklich zu abstrus gewesen.«
Schließlich unterbreitet man das Drehbuch dem Hause Wittelsbach, um sich durch Vorzensur die Drehgenehmigung in Hohenschwangau, Neuschwanstein und Herrenchiemsee zu erkaufen. An diesen Schauplätzen gestalten Kameramann Douglas Slocombe und der phantasmenerprobte Architekt Hein Heckroth (Oscar für *The Red Shoes*) mit von ihnen entwickelten Silberspiegelglasplatten und maßstabgetreuen Modellen die einzelnen Bauphasen der Märchenschlösser und Gralsburgen nach, erwecken in den Interieurs Ludwigs Rauschgoldphantasien zu neuem Leben und lassen die Technicolor-Farben verrückt spielen.
»Das Schönste an den Dreharbeiten war« für Drehbuchautor Georg Hurdalek, »daß alle, die damit zu tun hatten, ein bißchen zu spinnen anfingen. Er (Helmut Käutner; d. A.) hatte gerade *Citizen Kane* gesehen, der ja damals – 1954 – bei uns noch ganz unbekannt war – und nun wollte er unbedingt die von Orson Welles erfundene Erzählweise für *Ludwig II.* übernehmen. Der Leichenzug für den toten König sollte zum Angelpunkt werden, zu dem die Erzählung immer wieder zurückkehrt, nachdem Ludwig als Staatsmann, als Liebhaber, als Baumeister und so weiter betrachtet worden war. Doch für solchen Avantgardismus war es schon zu spät oder zu früh, wenn man an die Erwartungen des Publikums denkt.« Der Film beginnt zwar, wie von Käutner geplant, mit dem Lei-

chenzug, erzählt dann aber in einer chronologisch geradlinigen Rückblende die Lebensgeschichte des Königs. Die kostbaren Tableaus stört dabei kein argumentativer Exkurs. Käutner zeigt ein traumatisches Leben in Einsamkeit und Purpur, ohne es analysieren zu wollen.
Bei aller kongenialen Zuarbeit ist der überragende Erfolg dieses Filmes wohl vor allem O. W. Fischer zuzuschreiben, der in grenzenloser Identifikation selbst das schier unmögliche Flackern in den wahnsinnigen Augen des Königs zustande bringt und selbstgefällig feststellt: »Wenn man vor der Peterskirche steht, hält man dieses Werk auch für unmöglich. Aber jeder von uns Künstlern hat doch etwas von einem Michelangelo.« Für sein monumentales Werk erntet er neben dem Deutschen Filmpreis und dem Bambi ganz besonderen

Glanz und Elend eines Königs verkörpert O. W. Fischer in »Ludwig II.« (1954) kongenial.

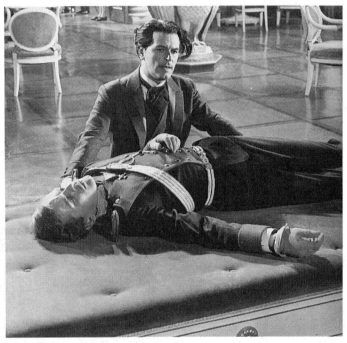

Unbarmherzig greift der Wahnsinn nach »Ludwig II.« (O. W.) und dessen königlichem Bruder Otto (Klaus Kinski).

Dank. Am 7. Februar 1955 fährt O. W. Fischer kurz nach elf Uhr in Schloß Nymphenburg vor, um von Kronprinz Rupprecht zu einer Audienz empfangen zu werden.
In schwarzem Mantel und dunkelblauem Schal noch immer ganz König Ludwig II., betritt er den Spiegelsaal und taucht in andere Sphären ein: »Aus einer Welt des Hastens und der Sensation kam ich am Montag in ein Retiro selbstverständlicher Hoheit und Nonchalance, und die halbe Stunde, die ich beim Kronprinzen verbringen durfte, gehört zu den unauslöschlichen Eindrücken meines Lebens. Ein Grandseigneur ohne Pose plauderte voll ungebrochener Vitalität über seine Kindheitserinnerungen an König Ludwig, und bald verwikkelte einen der große alte Mann in Gespräche über Kant und

Goethe, mit der Bildung eines Universitätsprofessors und mit so viel hinreißendem Humor, daß man vergißt, dem Oberhaupt einer alten Dynastie gegenüberzusitzen, sondern einfach eine Stimme zu hören glaubt, die einem ein ganzes Leben vertraut war, nämlich die der unsterblichen Kultur des Abendlandes. (...) Jedes Gelingen im Leben sei Gnade und berechtige nicht zu persönlicher Eitelkeit.«

Als Prinz Otto, König Ludwigs wahnsinniger Bruder, erregte Klaus Kinski zum ersten Mal die Aufmerksamkeit der Filmwelt und wird von dem ihn bewundernden O. W. Fischer gleich wieder für *Hanussen* engagiert, wo Kinski als gefährlich charmanter Nazi aus gutem Hause ebenso zu überzeugen weiß. Mit diesem Politthriller inszeniert Fischer nach *Ich suche dich* ein weiteres Mal, unterstützt durch Ko-Regisseur

Vom Scharlatan zum Untertan – blindlings liefert sich »Hanussen« (O. W. Fischer, 1955) den Nazis (Klaus Kinski) aus.

Georg Marischka. Der Sprößling einer österreichischen Regisseursfamilie hat nach seinem Widerstandskampf im Dritten Reich bereits in *Hin und Her* Regisseur Theo Lingen assistiert und sollte O. W. Fischers dauernder künstlerischer Berater werden.

Gleich nach den ersten Ankündigungen ertönt der Vorwurf, O. W. Fischer würde die jüngste Geschichte fälschen und einen skrupellosen Scharlatan als Helden zeichnen. Die Lebensgeschichte des Hellsehers Hanussen, der zeitgleich und in gegenseitiger Sympathie mit den Nazis Karriere machte, der ein Liebling der Massen war, doch nach seiner Vorhersage des Reichstagsbrandes ermordet wurde, löst hohe Wogen aus, die sich erst 1988, nach einem Remake István Szabós mit Klaus Maria Brandauer, legen sollten.

Weder das Psychogramm eines zwischen Moral und Macht, Überzeugung und Opportunismus schwankenden Künstlers noch die Vision von einer übersinnlichen Kraft weckt 1955 Verständnis bei den Kritikern, wobei O. W. Fischer besonders die esoterischen Facetten dieser Biographie interessieren: »Ich bin stolz auf diese Rolle. Leute wie Hanussen, die vorausahnen können, was das Schicksal für uns bereithält, bringen uns dem Wunder näher, das uns täglich begegnet, überall. Hellsehen ist eine Sehnsucht der Menschen wie Goldmachen, Telephonieren oder Fliegen. Warum soll man Ikarus verdammen, weil er ein paar tausend Jahre zu früh gelebt hat? Er hat die Phantasie angeregt!«

Bei der Nachbearbeitung des Materials kann O. W. Fischer als Regisseur endlich walten und schalten, wie es seiner künstlerischen Überzeugung gefällt. Mit zweifelhaften Folgen: Die von ihm zu einem Comeback in *Hanussen* überredete Schauspielerin Annie Markert findet ihre Szenen so von O. W. Fischer zusammengeschnitten, daß sie ihren Namen zurückzieht. Und der Verleih begründet das enttäuschende Einspielergebnis: »Teile des Dialoges und der Monologe des Hauptdarstellers O. W. Fischer waren unverständlich, und auf unsere Reklamation hin wurde uns von der Tontechnik zu verstehen gegeben, daß dies eine Absicht des Regisseurs O. W. Fischer gewesen sei.«

Während einer Drehpause sucht Regisseur und Hauptdarsteller Fischer Ruhe vor der »Hanussen« begleitenden Medienschelte.

Nach einem Pariser Kurzaufenthalt als Metternich in Sacha Guitrys aufwendigem Historiengemälde *Napoléon* steht O. W. Fischer 1956 meistens vor Gericht. Anfang des Jahres stellt die Royal-Produktionsgesellschaft die vertraglich vereinbarte Monatsgage in Höhe von 25 000 Mark ein. Sie wirft Fischer vor, er hätte sein Mitspracherecht mißbraucht, um nach *Ich suche dich, Ludwig II.* und *Hanussen* die vereinbarte vierte Produktion im Vertragszeitraum zu verhindern. Fischer verklagt daraufhin die Royal vor dem Arbeitsgericht auf Zahlung von 125 000 Mark für den mangels Einigung über den Filmstoff nicht gedrehten Film. Das Arbeitsgericht verweist die Klage an das Landgericht, da kein Anstellungsverhältnis vorliegt, sondern der Kläger aufgrund seines Mitspracherechts gleichberechtigter Partner ist.

Beim Zug durch sämtliche Instanzen verteidigt O. W. Fischer sein Mitspracherecht vehement. Es sei vom künstlerischen Standpunkt aus notwendig, da die Filmindustrie ihre geschäftlichen Interessen vertrete, während der Künstler bemüht sei, die Qualität der Filme in den Vordergrund zu stellen – ohne Rücksicht auf materielle Erwägungen. »Ich habe mich nur geweigert, Schnulzen zu drehen, weil ich den künstlerischen Film vertrete. Ich selbst habe der Royal zweiundzwanzig künstlerisch wertvolle Filmstoffe vorgeschlagen, darunter *Herrscher ohne Krone,* der jetzt gedreht wird.« Natürlich nicht mit der Royal, sondern für die Bavaria. Nach einem zwölf Monate dauernden Hinundher siegt O. W. Fischer im Februar 1957 auch in der letzten Instanz. Die 125 000 Mark zahlt er der Royal zurück, um von jeglichen Ansprüchen auf eine Vertragserfüllung befreit zu werden.

O. W. Fischer läßt es ruhiger angehen, plant für 1956 nur zwei Filme und genießt im Juni während der Berliner Filmfestspiele ausgiebig seine Popularität. Hunderte von Halbwüchsigen belagern die Starunterkünfte zwischen Kempinski und Hotel am Zoo. Nur unter Polizeischutz können O. W. Fischer, Lili Palmer, Willy Birgel und die anderen Götter der Leinwand ihre Autos erreichen. Die Portiers müssen sogar Polizeiverstärkung anfordern, um die Hoteleingänge einigermaßen freihalten zu können. Wie die Wilden ringen die Fans

Populäres Star-Quartett bei der Bambi-Verleihung 1956: Karlheinz Böhm, Maria Schell, Romy Schneider und O. W.

um einen Blick, ein Autogramm oder gar ein unfreiwilliges, mit Gewalt entrissenes Souvenir ihrer Stars. Doch auch im Schutz des Festivalgebäudes passiert O. W. Fischer Ungebührliches. Im Gespräch mit Trevor Howard muß er erleben, wie der englische Mime eine filterlose Zigarette hervorholt und sie in Ermangelung eines Gegenstands auf O. W. Fischers Nase zurechtklopft. Jeder Reaktion unfähig läßt O. W. Fischer diese Majestätsbeleidigung über sich ergehen, die ihn zum Gespött der Berlinale macht.

In Berlin dreht O. W. Fischer auch seinen ersten Film für Atze Brauners Spandauer CCC (Central Cinema Company): *Mein Vater, der Schauspieler.* Regisseur Robert Siodmak war 1955 nach zweiundzwanzigjähriger Emigration zurückgekehrt, in der er es in den USA zum Meister des *film noir* ge-

bracht hatte. Angeblich aufgrund seiner eigenen unglücklichen Kindheit in Dresden liebte Siodmak die Darstellung bürgerlicher Familienidyllen, hinter deren Fassaden Haß und mörderische Auseinandersetzungen wuchern. Für die brave CCC mildert Siodmak seine Passion und inszeniert ein nicht weniger dramatisches Bild von einem sensiblen Filmstar, der sich am Unfalltod seiner Frau schuldig fühlt und noch von ihr gesäte Zweifel an der Vaterschaft seines Sohnes hegt.
Ausnahmsweise findet O. W. Fischer bei Regie und Produktion wohlwollende Nachsicht für seine kapriziöse Art. Atze Brauner »hatte längst erkannt, daß der gute Otto nicht aus purer Bosheit den wilden Mann spielte. Es lag einfach daran, daß er ehrlich glaubte, es besser zu wissen: besser als der Regisseur, wie diese oder jene Szene zu spielen war; besser als der Kameramann, wie zu fotografieren war; besser als der Autor, wie die von ihm verkörperte Person wirklich beschaffen war. Manchmal hatte er bestimmt recht. Sehr oft auch nicht! Aber wer wollte das von Fall zu Fall entscheiden? Jedenfalls ist es auf diese Weise schwer, eine gute Arbeit zu liefern.«
Man muß O. W. Fischer seine Freiheit lassen, ihn sich selbst überlassen, wenn er abseits steht und sich sammelt. Er läßt sich nach einer Szene nicht korrigieren, will keine Kommentare, sondern spielt es Robert Siodmak gleich noch mal vor, und noch mal, und …
»Einmal hat er mir in einer einzigen Einstellung an die dreißigmal was anderes gespielt. Ich gebe zu, es ist schwer, es kann zur Katastrophe führen. Aber man mag davon halten, was man will: Ein Star ist nun mal kein gewöhnlicher Mensch. In Amerika heißen Stars ›hams‹ – Schinken. Ich habe lieber einen großen, saftigen Schinken wie den Fischer, von dem ich mir eine dicke Scheibe abschneiden kann, als einen dürren, der nur schmale Portionen hergibt. Ich habe immer gern mit solchen Menschen zusammengearbeitet. Der Fischer ist wie der Charles Laughton, der auch nur für sich spielt. Schließlich habe ich mir gesagt: Pfeif drauf, soll der seinen Zimt machen, und ich mache den meinen. Er ist einer der letzten romantischen Schauspieler, einer der wenigen Leute, die den

Hinter professionellem Lächeln lauert der Neid der Diva (Hilde Krahl) auf den Erfolg des sie vernachlässigenden jungen Gatten (O. W.): »Mein Vater, der Schauspieler« (1956).

Frauen in die Augen sehen können. Der Fischer kann noch sagen: Ich liebe dich. Dabei bleibt er ganz kühl, und die Frauen denken, wenn der mal aus sich rauskäme, dann wär's überwältigend; aber er kommt eben nicht.«
Das muß Siodmak auch bei der Premiere von *Mein Vater, der Schauspieler* registrieren: »Sein Partner war der damals kleine Oliver Grimm. O. W. gab sich die größte Mühe, ihn als Freund zu gewinnen, und er war auch in den Mustern sehr überzeugend. Als die Premiere kam, fühlte man die eisige Kälte, die von der Leinwand kam. Man glaubte ihm die Liebe zu seinem Sohn nicht. Die Kamera ist unbestechlich. Sie registriert alle Emotionen und Energien.«
Das Publikum glaubt ihm offensichtlich schon, denn *Mein Vater, der Schauspieler* setzt die Erfolgsserie seiner Filme fort. Böse Auguren sehen O. W. Fischer bereits Abwerbungsversuchen aus Hollywood ausgesetzt. Doch er widerspricht streng: »Nirgends in der Welt kann ich so viel Geld verdienen wie in Deutschland.« Sechsunddreißig Tage später unterzeichnet O. W. Fischer am 20. September 1956 um 19.01 Uhr seinen Hollywood-Vertrag mit Universal International. In langwierigen Verhandlungen hat der Agent Paul Kohner, der so etwas wie ein Übervater der Deutschen in Hollywood ist, diesen Vertrag über zwei Filme für 250 000 Dollar Gage vermittelt. O. W. Fischer ist aber beileibe nicht die einzige Neuerwerbung der Universal, die auch Curd Jürgens, Helmut Käutner und Marianne Koch nach Hollywood lockt.
Universal-Boß Al Daff schlägt dabei zwei Fliegen mit einer Klappe. Zum einen hatte er zuvor bereits *Bildnis einer Unbekannten* für den US-Markt erworben. »Wir haben 30 000 Dollar für den Film bezahlt und rund 50 000 Dollar für die Synchronisation ausgegeben. Vorläufig alles noch totes Kapital.« Denn es stellte sich heraus, daß Kinobesitzer und -besucher, unabhängig von einer Synchronisation, an unbekannten deutschen Stars nicht interessiert waren. Zugleich beurteilten aber nach einer Testvorführung vor US-Publikum zwei Drittel der weiblichen Zuschauer O. W. Fischer als hinreißend. Das belegte sein Starpotential in den USA, vorausgesetzt, man würde ihn in einer Hollywood-Produktion mit in-

In »Mein Vater, der Schauspieler« greift der von Schuldgefühlen geplagte Filmstar Ohlsen (O. W.) desillusioniert zur Flasche, bis ihn sein Sohn (Oliver Grimm) vor dem letzten Verzweiflungsakt bewahrt.

ternationalen Stars koppeln. Andererseits produziert Universal International für den Weltmarkt, der Deutschland mit einschließt. Mit jedem deutschen Schauspieler in ihren internationalen Produktionen steigert Universal ihre Konkurrenzfähigkeit auf dem wichtigen deutschen Markt – und bremst zugleich die deutschen Produzenten aus. Schließlich steht jeder bei Universal beschäftigte Star den Produzenten daheim entsprechend weniger zur Verfügung.

Während die Universal Deutschlands Top-Leute unter Vertrag nimmt, meinen die deutschen Produzenten im Gegenzug die Exportchancen ihrer Filme auf seltsame Weise steigern zu können. Sie verpflichten für viel Geld europäische Starlets

Nach Möglichkeit wahren Odile Versois, Horst Buchholz und O. W. Fischer den Schein bei ihren politischen und emotionalen Ränken in »Herrscher ohne Krone« (1956).

wie Eva Bartok, Mara Lane – oder Odile Versois, die für 75 000 Mark in *Herrscher ohne Krone* O. W. Fischers heimliche Liebe verkörpern soll. Die geborene Komtesse Poljakow spielt den Part der Königin Mathilde auch hervorragend. Aber ob sie als französischer B-Star die gewaltige Gage rechtfertigt, steht auf einem anderen Blatt. Mit einem entsprechend hohen Etat von 1,8 Millionen Mark verfilmt die Bavaria im Spätsommer 1956 in Dänemark und Geiselgasteig die Lebensgeschichte des deutschen Freidenkers Struensee, der als Kanzler des dänischen Königs Christian Reformen durchsetzt, sie aber aus Liebe zur Königin vernachlässigt.
Für Regisseur Harald Braun *(Solange Du da bist)* ist diese historische Geschichte einer großen Passion und einer großen

Schuld »vor allem darum interessant, weil hier demonstriert wird, daß absolute Macht den Menschen verdirbt. Ich sehe in Struensee ein sehr deutsches Schicksal. Der Mann wollte das Beste, machte sich aber durch seine hochmütige Art in kürzester Zeit verhaßt. Er entwickelte Ideale, deren Erfüllung die blutige Französische Revolution erübrigt hätte. Er war ein großer Mann. Und wenn ich sagte, sein Geschick sei typisch deutsch, so meine ich damit: weil er so mißverstanden wurde.

Am dänischen Hof entwickelt sich der Freidenker Struensee (O. W. Fischer) zum allmächtigen »Herrscher ohne Krone«, der soziale Errungenschaften aus Liebe aufs Spiel setzt.

Sein Malheur war, sich als Fünfunddreißigjähriger in eine Neunzehnjährige zu verlieben, die noch dazu seine Königin war.«
In O. W. Fischers Augen hat Struensee »seinen Hochmut und seine Ideale gemixt mit einem gewissen Herrschergefühl. Dieser Machtkomplex ist bei Neumann (Verfasser der Romanvorlage; d. A.) sehr interessant niedergelegt. Wie der todgeweihte Kanzler sich vergeistigt – im Film in der Gefängnisszene angedeutet –, erklärt sich aus solchen Worten: ›Es hat keinen Sinn, eine ganze Menschheit glücklich machen zu wollen, wenn es über den Weg einer zertretenen Seele geschieht.‹ Die Schwierigkeit dieser Rolle liegt darin, daß Struensee eine spartanische Figur sein muß. Ein Bonvivant Struensee würde auf ganz falsche Bahnen führen und wäre für mich auch ganz uninteressant.«
So spartanisch Struensee auch angelegt ist, entzwei sein wollüstiger Fehltritt doch die deutsche Kirche. Während die Evangelische Filmgilde diese Darstellung eines historischen Themas ausdrücklich zum Besuch empfiehlt, urteilen die Katholiken nach dem Gebot »Begehre nicht deines Königs Weib«: »Dieser Film ist ein vorzügliches Beispiel für bestimmte ärgerliche Gepflogenheiten im deutschen Film. Dieser sonderbare Film zeigt einen Mann mit aufdringlichem Anstand, der König und Königreich retten will und so nebenbei, als ob es sich um eine geringe Sache handle, den königlichen Freund mit seiner Frau betrügt. Es ist ziemlich widerwärtig, wenn hier ein Mann durch unablässiges Moralisieren die Gunst aller Wohlmeinenden erringt und ohne die geringsten Hemmungen den hilflosen Freund dann hintergeht. Ein Film, der die nackte Unmoral verteidigt, wäre demgegenüber unbeachtlicher, denn er heuchelt nicht. Hier aber ist das auffällig unverblümt der Fall. Die Historie ist also zu noch größerer Peinlichkeit hin verbogen, und im Bereich dieser Peinlichkeit wird nicht etwa psychologisch differenziert, dafür aber viel Dekor entfaltet und mit edlem Pathos aufgewartet. Nachdem die Regie sich an solcher Unehrlichkeit ausdauernd vergnügt hat, geht die Geschichte unrühmlich zu Ende.«

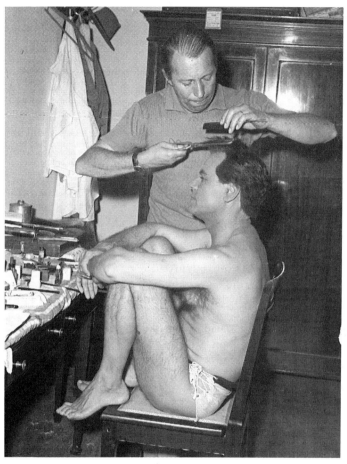

Bis in die letzte Locke versucht O. W. Fischer, seinen Marktwert stets vor Augen, die Produktionsbedingungen seiner Filme zu kontrollieren.

Die Dreharbeiten zu *Herrscher ohne Krone* verlaufen zu aller Zufriedenheit. O. W. Fischer, der es aus seinem Katzenschlößl nicht weit zum Bavaria-Atelier hat, bringt sogar seine Katzen als Statisten unter. Als der Nebendarstellerin Ingeborg Schöner angeboten wird, mit Vittorio de Sica den Film

Souvenir d'Italie in Cinecittà zu drehen, wird auf Fischers Fürsprache hin der gesamte Drehplan geändert, damit die Einundzwanzigjährige zwischen Rom und München pendeln kann. Wenn es auf der Erde schon nicht so edel zugeht wie auf seinem Katzenschlößl, hält es O. W. Fischer ganz einfach für seine Pflicht und Schuldigkeit, anderen zu helfen. Für den Pressechef der Bavaria, Karl H. Kaesbach, liegt es auf der Hand: »Er ist von allen Künstlern, denen ich in den letzten dreißig Jahren begegnet bin, der scheueste, und dabei ein absoluter Kavalier. Man hat mich vor ihm gewarnt; aber die Zusammenarbeit war ein Vergnügen: niemals ein lautes Wort, niemals gekränkte Eitelkeit.«

Mit dem *Herrscher ohne Krone* hat O. W. Fischer seinen vorläufig letzten deutschsprachigen Film beendet und bereitet sich nunmehr auf die erste Hollywood-Verpflichtung vor. Diese persönliche Zäsur gegen Ende des Jahres 1956 fällt mit dem Höhepunkt der Filmkrise in Deutschland zusammen. Die Herstellungskosten sind in den letzten fünf Jahren um ein Drittel gestiegen, die Gagen um bis zu zweihundert Prozent, wobei über zwei Drittel der Filme nicht einmal ihre Herstellungskosten einspielen. Über den deutschen Film läßt sich nicht viel Rühmliches sagen. Er ist praktisch konkursreif. Die Milchmädchenrechnung Star + Star = Geschäft ist nicht aufgegangen. Nur drei Stars, Heinz Rühmann, Romy Schneider und Caterina Valente, waren sichere Kassenerfolge.

O. W. Fischer ist nur mit einem Film, mit *Mein Vater, der Schauspieler,* unter den geschäftsstarken Hits, während *Hanussen, Ich suche dich* und später auch *Herrscher ohne Krone* Verlustgeschäfte bleiben. Paradoxerweise hängt er aber in den Meinungsumfragen alle Kollegen weit ab. Ob ihn nun die *Star-Revue* zum beliebtesten deutschen Star vor Karlheinz Böhm wählt oder das Allensbacher Institut für Demoskopie vor Willy Birgel. Bei jung und alt steht er immer unangefochten weit vorn! Sein potentieller Marktwert bleibt dadurch so hoch, daß er wie ein Produktionschef den Filmstoff, seine Rolle, die Partner, den Regisseur, den Autor, die Kamera, die Maske und den übrigen Stab bestimmen darf. »Er ist sehr konservativ und er legt Wert darauf, seine Mitarbeiter zu behalten«, meint sein langjähriger Maskenbildner Raimund Stangl dazu. Nur trägt O. W. Fischer im Unterschied zu einem Produktionschef keine kaufmännische Verantwortung, sondern kassiert garantierte 200000 Mark Gage plus Gewinnbeteiligung. Manche Kritiker meinen, daß solche Starallüren die Krise vertiefen.

Die entscheidende Schlacht, die der deutsche Film in den nächsten Jahren schlagen muß, nimmt einen unangenehmen Verlauf. Die geschäftlichen Hoffnungen werden auf militärische Themen gesetzt. Selbstredend immer nur im Sinne der

Während der deutsche Film Ende der fünfziger Jahre das Kriegsspiel wiederentdeckt, greift O. W. Fischer höchstens als »Peter Voss, der Held des Tages« (1959) zur Lachkanone im Clinch mit einer Revoluzzerin (Ina Hantelmann).

Völkerverständigung und dem Frieden zu Ehren. Die deutschen Filmhelden rüsten wie die deutsche Bundesregierung auf und orientieren sich dabei, Kriegsschuld hin, Kriegsschuld her, an ausländischen Filmvorbildern: »Kriegsfilme, chemisch gereinigt (...). Gußeiserne Charakterstandbilder historischer Heldennaturen (...), andächtige Technicolor-Gebete (...), realistisch getarnte Kriegsspiele sportlicher Art (...). Hohelied vom Gentleman im Krieg« (Ponkie). Vom Jagdflieger-Spektakel *Der Stern von Afrika* bis zum Reichsmarine-Drama *Haie und kleine Fische* reicht das Spektrum, dem sich O. W. Fischer nicht hingeben will.

Er wendet sich erst mal den Vereinigten Staaten zu, wo sein Hollywood-Debüt in Vorbereitung ist. Der Berliner Hermann Kosterlitz hat es unter dem amerikanischen Namen Henry Koster zum Meister der leichten Komödie gebracht. Ihn leiht sich Universal von der Twentieth Century Fox aus, um ein Remake der klassischen Screwball-Comedy *My Man Godfrey (Mein Mann Gottfried)* mit O. W. Fischer in Angriff zu nehmen.

Koster bietet sich nicht nur aufgrund seiner Genreerfahrung an. Er spricht auch deutsch und ist ein feinsinniger Regisseur alter Schule, mit dem gut auszukommen ist. Sehr ruhig bei der Arbeit, hat er immer ein humorvolles Wort übrig und hört sich die Vorschläge der Schauspieler gerne an. Es schien nur ein Problem mit seinem zukünftigen Hauptdarsteller zu geben: »Ich kannte Fischer nicht persönlich. Ich hatte die Filme *Ludwig II., Solange Du da bist* und *Hanussen,* der mir nicht sehr gefiel, gesehen und den Eindruck gewonnen, daß Fischer eine große Schauspielerpersönlichkeit ist. Ich hatte ihn allerdings nie in einer Komödie gesehen.«

Nun stellt die Screwball-Comedy die hohe Schule der Komödie dar, voll exzentrischer Typen und rasanter Dialoge. Und die '36er Fassung von *My Man Godfrey* der beiden Autoren Morrie Ryskind und Gregory La Cava war das Nonplusultra aller Screwball-Comedies. In wahnwitzigen Verwicklungen soll nun das Remake echten Adel made in Austria mit der US-Geldaristokratie konfrontieren. Ein ausgewanderter Österreicher – alter, verarmter Adel – wandert nach Amerika aus und landet als Butler bei den schwerreichen Bullocks, von denen jeder so begabt wie möglich spinnt. In der Rolle des Butlers Gottfried soll O. W. Fischer als *continental lover* mit aristokratischem Flair auf dem US-Filmmarkt eingeführt werden. Eine Rolle wie maßgeschneidert.

Doch Henry Kosters Gastspiel bei der Universal steht unter einem schlechten Stern. June Allyson, die Hauptdarstellerin, lebt gerade in Schcidung von Filmstar und Produzent Dick Powell und ist nervlich angeschlagen. O. W. Fischer strotzt dagegen nur so vor Selbstvertrauen und hält es erst mal gar nicht für nötig, nach Hollywood zu kommen. Ursprünglich hätte Fischer schon nach Weihnachten in Hollywood eintreffen sollen. Henry Koster telefoniert ihm dreimal hinterher, doch O. W. Fischer verlangt, vor dem Abflug ein endgültiges Drehbuch in Händen zu haben. Koster kann seinen Wunsch nachvollziehen, schlägt indes eine sofortige Anreise vor, damit sie gemeinsam am Manuskript arbeiten können und mehr Zeit für Kostümproben haben. O. W. Fischer geht darauf nicht ein. Offensichtlich reden beide deutsch, ohne dieselbe Sprache zu sprechen.

Am Freitag, dem 11. Januar 1957, startet O. W. Fischer um 15.15 Uhr von München-Riem aus über die SAS-Polarroute nach Hollywood. Den über dreihundert ihn verabschiedenden Fans entgegnet er aufmunternd: »Meine Arbeit in Hollywood ist künstlerische Legitimation für die Weiterarbeit in der Heimat.« Dann bricht er auf, mit zwei symbolischen Geschenken im Gepäck. Ein Siebenmeilenstiefel, damit er wieder zurückfindet, und eine Spezialbrieftasche für Dollarscheine.

Mit seiner Ankunft am nächsten Tag in Hollywood nehmen die Schwierigkeiten ihren Fortgang. Die Katze, mit der ihm sein Agent Paul Kohner im Bel-Air-Hotel eine Freude bereiten will, gibt O. W. Fischer zurück, weil er es sonst als Untreue gegenüber seinen Münchner Katzen betrachten würde. Ein Mann hätte sich auch in punkto Frauen so verhalten. Dann legt er eine selbstverfaßte Neubearbeitung der – wie gewünscht vor seiner Abreise erhaltenen – Drehbuchszenen vor. Henry Koster ist entsetzt: »Sie waren völlig unmöglich,

dramaturgisch falsch und – einfach in schlechtem Englisch geschrieben. Fischer hatte diese Dialoge schon studiert. Ich sagte ihm, das sei vergebliche Liebesmühe, denn so würden sie nicht gedreht werden.«
Bei den Kostümen sind die beiden wiederum verschiedener Meinung. Fischer will einen österreichischen Trachtenhut aufsetzen und dazu einen Maßanzug tragen. Denn »ein Österreicher trägt keine amerikanischen Stangenanzüge«. Koster bemüht sich, O. W. Fischer zu verdeutlichen, daß Godfrey in New York als Seemann ohne Papiere abmustert und sich dann, auch wenn er adeliger Herkunft ist, als Butler einfach keinen Maßanzug leisten kann. Ganz im Gegenteil, er wird sich sogar einen sehr billigen Anzug von der Stange kaufen müssen. Und der Zuschauer muß auch deutlich erkennen, daß der Anzug billig war. O. W. Fischer will das nicht einsehen und entgegnet ständig: »Aber was sollen die Leute in Österreich denken!« So überkommt Henry Koster vom ersten Tag an das Gefühl, daß Fischer einen Film für Österreich machen will und nicht einen für Amerika.
In Deutschland läuft derweilen *Herrscher ohne Krone* an. Mittels einer Sonderleitung des Bundespostministers Ernst Lemmer wendet sich O. W. Fischer von Hollywood aus am 17. Januar, 18.36 Uhr MEZ, über den RIAS an seine deutschen Fans. »Der Spiegel« widmet dem Hollywood-Emigranten eine Titelstory, und in den USA wirft die Universal ihre Publicity-Maschine an. Langsam, aber nachdrücklich beginnt das Studio die Reklametrommel zu rühren. In der Publikumspresse werden erste kleine Meldungen plaziert, in den Branchenblättern ganzseitige Anzeigen. Dann lädt man die ausländischen Korrespondenten zum Pressefrühstück. O. W. Fischer erscheint in weißem Tropenanzug mit weißen Lackschuhen und schwarzer Krawatte, gibt sich überaus freundlich und überrascht alle mit seinen Englischkenntnissen. Fragen nach Deutschland wecken in ihm böse (»Es hat Kräfte gegeben, die mir die Arbeit in der Heimat erschwert haben.«) und gute Erinnerungen: Begeistert erzählt er von seinen Katzen, worauf ihn alle als den »James Mason from Bavaria« titulieren. Mason teilt nämlich Fischers Leidenschaft.

Bei Ankunft des Hollywood-Debütanten O. W. Fischer sind Regisseur Henry Koster und Filmpartnerin June Allyson noch bester Laune.

O. W. Fischer trifft Marlene Dietrich, John Huston, William Wyler, Billy Wilder und viele weitere Kollegen. Alle sind sie der Meinung, daß Hollywood seit Maurice Chevalier nicht mehr so viel kontinentalen Charme erlebt hat. Zwei Tage nach dem Pressefrühstück folgt ein Cocktail-Empfang bei Romanoff, zu dem auch Van Heflin, Lana Turner, Lex Barker, Henry Koster und Peter Berneis erscheinen. Ausführliche Berichte begleiten all diesen Rummel, und schließlich nimmt die Klatschkolumnistin Louella Parsons den umschwärmten Neuankömmling unter die Lupe:

»O. W. Fischer versteht im richtigen Moment die richtigen

Dinge zu tun und zu sagen. Und da Frauen für galante Schmeicheleien empfänglich sind, bin auch ich im Banne seines Charmes. Er hat die europäische Gewohnheit, den Damen die Hand zu küssen, ist intelligent und sieht im Leben noch besser aus als auf der Leinwand. Hoffentlich wird er nicht nur den einen Film hier drehen.«
Die Presse behandelt ihn, wie wenn er in Amerika bereits ein Star wäre. Aber er war es noch nicht. Und er sollte es wohl auch nicht mehr werden. Als erstes verdrängt ihn Ingrid Bergman, die in New York als *Anastasia* Triumphe feiert, aus den Schlagzeilen. Dann fangen mit den Dreharbeiten zu *My Man Godfrey* die wahren Probleme an. Am dritten Drehtag wird Fischer zum ersten Mal ins Front-Office gerufen, zur Studio- und Produktionsleitung. Al Daff, Edward Muhl, Paul Kohner und Henry Koster versuchen Fischer begreiflich zu machen, daß er sich den Regieanweisungen zu beugen hat.
Nach großem Palaver verspricht Fischer Besserung und verabschiedet sich von seinem Regisseur als »Ihr untergebener Diener!«.
Manche Einstellung muß bis zu zehnmal wiederholt werden, ohne daß O. W. Fischer Henry Koster gehorcht: »Wenn ich zu ihm sagte: Kommen Sie jetzt langsam ins Zimmer herein, dann ging er schnell. Wenn ich darauf zu ihm sagte: Sie sollen bitte langsam gehen, sagte er: Hab' ich doch gemacht! Ein andermal ging er auf Zehenspitzen, weil nach seiner Ansicht ein Butler auf Zehenspitzen geht. Ich habe seit zwanzig Jahren einen Butler bei mir zu Hause – der ist noch nie auf Zehenspitzen gegangen, warum auch!
So gab es tausend kleine Reibereien. In einer anderen Szene sollte er June Allyson überrascht ansehen. Er sah statt dessen ständig auf seine Schuhe. Das fand er besser. Ich habe die Szene elfmal umsonst mit ihm gedreht, und man kann ja nicht wochenlang umsonst drehen. Eva Gabor mußte bei einer anderen Szene weinen. Fischer machte wieder was anderes als das, was ich ihm gesagt hatte. Nach siebzehn nutzlosen Aufnahmen konnte Eva Gabor nicht mehr weinen – ich mußte abbrechen. Eva heulte dann anschließend in ihrer Garderobe.«

Nach elf mühsamen Drehtagen mit O. W. Fischer benötigt Henry Koster ärztliche Behandlung. Auch die anderen Schauspieler und das Team werden zusehends nervöser. Am zwölften Drehtag bricht der Regisseur die Arbeit ab und stellt das Front-Office vor eine Entscheidung. »Ich konnte es nicht mehr verantworten, den Film weiterzudrehen. Das Studio hatte mir den Film anvertraut, und nun sollte es auch entscheiden, ob ich als Regisseur zu gehen hatte oder ob O. W. Fischer ersetzt werden sollte. Eine Abordnung der Schauspieler war ebenfalls zum Front-Office gegangen – June Allyson an der Spitze – und hatte erklärt, wenn ich den Film verlasse, würden sie auch gehen. Jetzt schien Fischer auch gemerkt zu haben, daß der Brunnen übergelaufen war. Er war sehr aufgeregt und schrieb mir am anderen Tag einen Brief, den ich nicht zur Veröffentlichung geben möchte, weil er in einer tiefen Depression geschrieben ist. Nur soviel möchte ich sagen: Es war der verzweifeltste und demütigste Brief, den ich in meinem Leben bekommen habe. Fischer sah alles ein. Er gab zu, daß er unrecht gehabt und in einer Verblendung gelebt habe. Er führte an, daß seine Frau schwer krank sei und bat kniefällig, es doch noch einmal mit ihm zu versuchen. Er würde die größte Leistung seiner Schauspielerkarriere geben. Ich schrieb ihm zurück, die Entscheidung liege nicht mehr bei mir, sondern beim Studio.«

Zwischen Hollywood und Al Daff in New York laufen die Drähte heiß. Keiner will die Entscheidung alleine treffen. So entscheidet die Studioleitung dann anhand der bisher gedrehten Szenen. Die Muster sind gut, nur O. W. Fischer macht eine schlechte Figur. Koster darf bleiben, und das Studio teilt ihm mit, daß David Niven Godfreys Rolle übernimmt. Wären Fischers Szenen ausgezeichnet gewesen, hätte man seine Eskapaden lächelnd hingenommen und Koster ersetzt. That's business. Am Dienstag, dem 19. Februar, klingelt in einem verdunkelten Zimmer des Bel-Air-Hotels das Telefon. Eine Journalistin will sich von O. W. Fischer seine Ablösung durch David Niven bestätigen lassen. So übermittelt man in Hollywood Kündigungen. Zwei Tage später beginnt Henry Koster den Film noch einmal von vorn. Nur die Pechsträhne bleibt.

Zuerst erkrankt June Allyson an einer Bronchial-Lungenentzündung, worauf der Drehplan umgestellt werden muß. Dann verzögern sich die letzten Aufnahmen um Tage, da das Drehteam auf die Ankunft eines verspäteten Überseedampfers angewiesen ist.

Al Daff rühmt sich inzwischen seiner Entscheidung: »Fischer hat sicher nicht damit gerechnet, daß wir nach zwei Wochen Dreharbeiten einfach abbrechen und mit einem neuen Schauspieler von vorne beginnen würden. 450 000 $ haben wir retten können, der Rest von 350 000 $ ist verloren. Aber dafür wird der Film jetzt auch so, wie wir ihn uns vorgestellt haben. Fischers Verhalten hat großen Schaden für die weitere Zusammenarbeit mit Deutschen angerichtet. Das Prestige von Universal hat nicht gelitten. Die Branche hat unsere Handlungsweise hundertprozentig gutgeheißen. Man weiß jetzt wieder einmal mehr, daß Universal von Businessmen geführt wird, die rechnen können und lieber noch einmal einen Film von vorne anfangen als ihn schlecht zu Ende drehen.« Diese großen Sprüche werden auf ihren Urheber noch zurückfallen. Nachdem auch Al Daffs andere deutsche Gastarbeiter, Cornell Borchers, Marianne Koch, Helmut Käutner, Lilo Pulver und Curd Jürgens, keinen Stich machen, wird der Chef von Universal International am 3. November 1958 zurücktreten müssen.

Am 19. Februar melden die Nachrichtenagenturen in einer knapp gehaltenen Mitteilung die Vertragsauflösung aufgrund unüberbrückbarer Meinungsverschiedenheiten. Resigniert kommentiert O. W. Fischer: »Ich habe meine Rolle mehr als die eines modernen Mannes gesehen und mein Bestes versucht. Ist eben Schicksal.« Dann einigt er sich mit Universal darauf, etwaige Schadensersatzansprüche des Studios gegen seine Gagenforderung aufzurechnen.

Vor seiner Rückkehr nach Deutschland macht O. W. Fischer aber noch eine weitreichende Bekanntschaft. Max Reinhardts Sohn Gottfried, dem im US-amerikanischen Exil eine steile Karriere vom Regieassistenten zum MGM-Produzenten gelang, ohne in den Jahren den Kontakt zur Heimat zu verlieren, dieser Gottfried Reinhardt setzt sich für O. W. Fi-

Erhobenen Hauptes setzt der Vegetarier Fischer seine Filmkarriere in Europa fort, ohne sich von der Hollywood-Pleite beeindrucken zu lassen.

scher ein: »Ich kannte Fischer nicht persönlich. Ich will weder einen Film mit ihm drehen noch bin ich mit ihm verschwägert. Es ist nicht neu, daß ein Schauspieler eine andere Auffassung von einer Rolle hat als der Regisseur – das ist schon hundertmal passiert. Es ist auch nicht neu, daß man den Schauspieler dann durch einen anderen ersetzt – neu ist nur, daß man ihn nicht bezahlt. Denn schließlich kann man ja nicht sagen, daß Fischer seinen Beruf nicht versteht! Er hat rund vierzig Filme gedreht, gute und schlechte, und ist zweifellos ein Schauspieler. Ich habe Fischer zu meinem Anwalt mitgenommen, und der sagte ihm, er solle unbedingt prozessieren. Es sei außer jeden Zweifels, daß der Prozeß gegen

Universal zu gewinnen sei. Mein Anwalt wollte nicht einmal Honorar haben, sondern auf Beteiligung arbeiten – so sicher war er seiner Sache. Fischers größter Fehler war, daß er bei der Universal klein beigegeben hat. Natürlich kann so ein Prozeß Jahre dauern, aber man verzichtet doch nicht freiwillig auf eine runde Million Mark.«
O. W. Fischer schon. Erhobenen Hauptes kehrt er am 11. März 1957 nach München zurück. In ein Deutschland, das in Schlagzeilen, Kommentaren und Leserbriefen dieses Hollywood-Debakel heftigst diskutiert. Angetan mit braunen Stiefeletten, Sonnenbrille und Wildlederjacke, einen roten Schal um den Hals drapiert, verläßt Fischer die SAS-Maschine, da stürzt ein Mann auf ihn zu, ergreift seine Hand und sagt: »Ich danke Ihnen, daß Sie sich als Deutscher behauptet haben!« In der anschließenden tumultartigen Pressekonferenz am Flughafen begegnet ein überraschend selbstgefälliger O. W. Fischer den kritischen Fragen mit Unverständnis: »Warum regen sich die Leute so auf? Ich bin nicht rausgeschmissen worden – ich habe mich mit dem Regisseur künstlerisch nicht verstanden, das ist alles. Na ja, ich muß ja nicht drüben drehen.« Erst dreißig Jahre später enthüllt O. W. Fischer bei verschiedenen Anlässen den wahren Sachverhalt und behauptet, während der Dreharbeiten zu *My Man Godfrey* sein Gedächtnis verloren und so arbeitsunfähig geworden zu sein: »Hollywood war keine heitere Sache für mich. Es war die schöpferische Tragödie für mich (...). Es war eine schreckliche Zeit (...). Es war eine ganz persönliche Sache, die ich nur vertuschen konnte.« Indes verzeiht ihm 1957 sein Publikum auch ohne diese sein Scheitern entschuldigende Enthüllung. Wochenlang diskutieren die Medien Pro und Kontra dieses Mißerfolges. Die Hardliner verstehen das Geschehen als Signal, die Vormachtstellung der Stars auch im deutschen Film zu beenden, indem man Gagen und Mitspracherecht auf ein wirtschaftlich vernünftiges Maß reduziert. Die Cineasten sehen es mit Wohlwollen, daß sich O. W. Fischer in Hollywood seine künstlerische Auffassung auch für Hunderttausende von Dollars nicht abkaufen ließ.
Schadenfroh dichtet die Münchner Lokalgröße Sigi Sommer:

Ob Fipsi, Baron oder Dididu, nach O. W. Fischers fristloser Entlassung in Amerika sind seine ihn meist zu den Dreharbeiten begleitenden Katzen oft seine einzigen treuen Freunde.

»Sagt einer stolz, ich will empor,
weil mich das Schicksal auserkor.
Beneid' ihn nicht, weil er zum Schluß,
so hoch er stieg, herunter muß.

Er bleibt doch unabänderlich,
ein Mensch wie du, ein Mensch wie ich
und ist am Ende sicherlich,
allein wie du und ich.«

Hollywood-Emigrant Curt Bois verteidigt Fischer dagegen öffentlich: »O. W. Fischer, der dafür bekannt ist, daß er seine Arbeit sehr ernst nimmt, schied nicht lange nach Drehbeginn aus seinem ersten amerikanischen Film aus. Im Fall Fischer scheint mir die Fernseh-Panik der ausschlaggebende Faktor gewesen zu sein. Hollywood muß heute schneller und wirtschaftlicher arbeiten.« Doch auch vor der Fernsehära hätten großartige Künstler wie Otto Preminger, Jean Gabin, Rudolf Forster und Oskar Homolka Ähnliches erlebt: »Schon vor zwanzig Jahren hat man große Schauspieler geholt und gehen lassen. Gewiß ist Fischer kein Emigrant gewesen, was nicht gegen ihn spricht, denn Emigrant ist kein Beruf, sondern ein Schicksal, und aus Emigranten besteht heute fast die ganze Welt. Aber er ist in meinen Augen ein großer Filmkünstler, und ein solcher sollte auf das behutsamste behandelt werden. Weder Europa noch Amerika haben viele Fischers. Wer aus Europa nach Hollywood verpflichtet wird, kann und soll Forderungen stellen. Hollywood ist kein leichtes Pflaster. Es ist ein schillerndes Paradies, in dem bezaubernde Wunderblumen neben fleischfressenden hausen. In Berlin lebt man weniger anstrengend. Aber manchmal frage ich mich: Kann man es sich etwa in Berlin leisten, unbequem zu sein? Oder in München? Oder in Hamburg?«

In den nächsten Monaten studiert O. W. Fischer, dem die Screwball-Comedy offensichtlich schwer im Magen liegt, viele ernste Projekte, die alle noch vor Drehbeginn scheitern. Die abenteuerliche Ausgrabung Trojas mit *Heinrich Schliemann – ein deutsches Forscherschicksal* geht der Bavaria nicht von der Hand und bringt später auch der CCC kein Glück. Als nächstes plant die Bavaria eine Verfilmung der Tauern-Affäre, wo O. W. Fischer den Lehrer spielen soll, dessen Schüler bei einer Klassenfahrt im Gebirge ums Leben kommen. *Der Student von Prag* soll dem Kinopublikum einen doppelten O. W. Fischer bescheren. Dann sieht sich Fischer schon als *Ignatius von Loyola,* den Gründer des Jesuitenordens, unter der Regie von Federico Fellini. Der Italiener lehnt höflich ab: »Dank für Ihre Wertschätzung, aber ich bin nicht so vermessen, zu glauben, daß ich kleiner, schwacher Mensch

das Leben eines so bedeutenden Heiligen inszenieren könnte.« Die Gloria-Film träumt von einem gemeinsamen Film der beliebtesten Schauspieler Deutschlands und will Romy Schneider und O. W. Fischer für *Hanneles Himmelfahrt* nach Gerhart Hauptmann verpflichten. O. W. Fischer verlangt 200 000 Mark Gage, Mitsprache am Skript und einen Abschluß der Dreharbeiten bis zum Januar des folgenden Jahres. Romy Schneider ist aber noch bis 1. Januar 1958 bei der Herzog-Film exklusiv unter Vertrag. Die Seifenblase platzt.
Schon länger will O. W. Fischer »eines der bedeutendsten Kunstwerke überhaupt« auf die Leinwand bringen. Seit Mitte letzten Jahres bereitet Atze Brauners CCC die Verfilmung von Goethes *Faust* vor. Mit Fischer in der Rolle des Gelehrten, Maria Schell als Gretchen und Gründgens oder O. E. Hasse in der Rolle des Mephisto. Das vielleicht interessanteste Filmprojekt der Nachkriegszeit will Max Ophüls inszenieren, wie O. W. Fischer ein grenzenloser Goethe-Verehrer. Seine Frau berichtet aus der Zeit des amerikanischen Exils: »Sehr oft flüchteten wir mit unserem Heimweh zu Goethe, und für mich gehören die Stunden, in denen Max uns aus Goethe vorlas, zu den schönsten Hollywood-Erinnerungen.« Max Ophüls, der Starallüren und die von Schauspielern so geliebten zig Großaufnahmen stets unterband, hätte O. W. Fischer sicherlich neue Dimensionen eröffnet. Doch am 26. März 1957 stirbt das Regie-Genie in einem Hamburger Krankenhaus. Eine Zeitlang soll Rolf Hansen das Projekt fortführen. Da feiert am 24. April 1957 Gründgens' *Faust*-Inszenierung im Deutschen Schauspielhaus Hamburg Premiere, die – ohne O. W. Fischer – später in einer das Bühnengeschehen protokollierenden Fassung verfilmt werden wird. Vergeblich unternimmt O. W. Fischer in den nächsten Jahren weitere Anläufe, in *Egmont* oder *Wilhelm Meister und Mignon* nach Motiven seines Lieblings Goethe zu spielen.
Praktisch drehreif stellt sich für O. W. Fischer in dieser Zeit nur ein österreichisches Projekt dar, das ihm – unbeschadet von dem amerikanischen Fehlversuch – endgültig das komische Rollenfach eröffnet. Losgelöst von den tränendurch-

tränkten Problemstoffen überzeugt Fischer dank *Skandal in Ischl* fortan als glänzender Komödiant. Vorerst droht aber auch dieser Film vor Drehbeginn zu scheitern. Produzent Heinrich Bauer, dessen Verlag die Rechte an Hermann Bahrs Romanvorlage *Der Meister* hält, muß im Juli 1957 Finanzierungsschwierigkeiten eingestehen. Zwar hat er in einem Husarenstück seine Produktion im eingeschränkten Exportkontingent für den deutschen Filmmarkt untergebracht und eine Verleihgarantie über eine Million Mark von der Bavaria-Gruppe erhalten. Es fehlen ihm aber 100 000 Mark, um überhaupt drehen zu können.

Die Wiener Credit-Anstalt, Österreichs führende Film-Finanzierungsbank mit eigener Verleih- und Produktionsorganisation, lehnt jede Unterstützung ab. Auch die Länderbank wirft Bauer mangelnde Fachkenntnisse vor, da der Verleger nur als Auftragsproduzent der Sowjets in den von der Roten Armee beschlagnahmten Rosenhügel-Ateliers Filmerfahrung vorzuweisen hat. Sie wäre aber bereit, einen Kredit zu gewähren, wenn er einen Produktionsfachmann zwischenschaltet. Da greift die den Film in Deutschland auswertende Bavaria ein, bootet den Verleger aus und schanzt Filmprojekt samt Kredit der Länderbank dem bisherigen Geschäftsführer der Paula-Wessely-Film, Otto Duerer, zu. Am 12. August steht O. W. Fischer für Duerers eigene Firma Vienna-Film in Wels, dem oberösterreichischen Hollywood, vor der Kamera.

So schwer diese Geburt gewesen sein mag, so unbeschwert und locker inszeniert Rolf Thiele dieses k. u. k.-Intrigenstück des Gesellschaftskritikers Hermann Bahr. In künstlerischer Freiheit mildert der Regisseur Bahrs unnachsichtige Schärfe und gönnt dem eitlen Modearzt (O. W. Fischer), der seine Frau (Elisabeth Müller) vor lauter Selbstbeweihräucherung an einen welterfahrenen Abenteurer (Ivan Desny) zu verlieren droht, ein bißchen Einsicht und ein Happy-End. Als letzter großer Film österreichischer Provenienz wird *Skandal in Ischl* in achtunddreißig Länder verkauft und ein bedeutsamer Propagandaerfolg für das Fremdenverkehrsland.

Am 21. September 1957 fliegt O. W. Fischer nach Kairo, um

Die zarten Bande zur Komtesse Nina (Carola Rasch) und allen anderen Kurgästen weiblichen Geschlechts bewahren den Modearzt Dr. Duhr (O. W.) nicht vor gesellschaftlicher Ächtung, als es zum »Skandal in Ischl« (1957) kommt.

abermals unter Rolf Thiele einen Arzt zu spielen. Den Arzt, dessen melodramatisches Schicksal in John Knittels Romanvorlage über 2,4 Millionen Leser zu Tränen gerührt hat: *El*

Als Vorreiter deutscher Ferntouristen ziehen Filmteams vermehrt in die Welt hinaus, wie beispielsweise O. W. Fischer mit seinem »El Hakim«-Stab 1957 in Ägypten.

Hakim. Generalstabsmäßig hat Luggi Waldleitner diese Filmadaption vorbereitet, bei der einfach nichts schiefgehen kann. Der Bestseller als Vorlage; ein ausgezeichneter, präzise arbeitender Regisseur; die gute, verhalten spielende Besetzung (O. W. Fischer, Nadja Tiller, Robert Graf), alles fügt

sich zur werktreuen Biographie des aus den Slums stammenden, erfolgreichen, aber todkranken Arztes.
Die ägyptische Filmzensur kontrolliert täglich die um Authentizität bemühten Dreharbeiten, die zu ihrer vollsten Zufriedenheit verlaufen: »Wir freuen uns, von Herrn Fischer einen Ägypter so dargestellt zu sehen, wie wir uns wünschen, daß sich das Ausland einen Ägypter vorstellt.« Die Nachstellung der Wirklichkeit birgt aber auch Risiken, wie Michael Ande erfährt, der den Hakim in jungen Jahren spielt. Beim Versuch, sich in der Maske eines zerlumpten Fellachen vor die Kamera zu drängen, wohin ihn Regisseur Rolf Thiele gerufen hat, wird er von absperrenden Polizisten regelrecht ver-

Farbenprächtige Kolportage garantiert »El Hakim«, mit O. W. Fischer und Nadja Tiller in den Hauptrollen, den Erfolg der gleichnamigen Romanvorlage John Knittels.

prügelt. Die örtliche Presse preist erst die deutsch-ägyptische Freundschaft bei den Dreharbeiten, mißtraut dann aber der ihr aufdringlich erscheinenden Darstellung des Elends. Man will sich nicht als armes Land dargestellt sehen. Doch O. W. Fischer setzt positive Akzente und streicht das Gefälle zwischen historischem Elend und modernem Fortschritt heraus. Er weist in der Gestalt Ibrahims, des Hakim, einen möglichen Weg in die Zukunft: »Der Dr. Ibrahim will ein Stück Erlösung in die Welt tragen. Er ist Chirurg und Messias in einem, er sucht die Humanitas gegenüber Mensch und Tier.«
Das Jahr 1957 kann O. W. Fischer trotz der Hollywood-Pleite überaus erfolgreich abschließen, *Skandal in Ischl* und *El Hakim* bewähren sich beide auf Spitzenpositionen. Als auch noch die jährliche Umfrage des Allensbacher Instituts Fischers Position als Deutschlands beliebtester männlicher Schauspieler bestätigt, legt er sich wieder einmal mit der Filmkritik an: »Es kommt immer darauf an, eine wirkliche Idee populär auszudrücken. Doch die deutschen Intellektuellen verachten unsere Leistung! Im Inland sind wir leider aus der Mode gekommen. Deutsch ist gar nicht mehr modern. Das Selbstbewußtsein ist bei uns zertreten, das doch bei jeder Leistung Pate stehen müßte. Unser Masochismus ist so weit gediehen, daß unsere Sprache mit fremden Worten ausgedrückt wird, wie überhaupt das Ausland, der ausländische Film maßlos überschätzt wird.«
Im Juni läuft *Skandal in Ischl* als österreichischer Beitrag bei den Weltfilmfestspielen anläßlich der Weltausstellung in Brüssel. Nachdem O. W. Fischer seine Anreise zusichert, richtet Produzent Otto Duerer die Premiere ganz auf ihn aus. Aber: »Fischer wollte auch die Reise- und Aufenthaltsspesen für seine Frau ersetzt bekommen, was ich ihm zusagte; später verlangte er dann noch pro Tag seines Auftretens 600, also insgesamt 1200 Mark, sonst würde er nicht fliegen. Ich habe die Gage abgelehnt, denn Fischer sollte sich ja für sein Land Österreich verbeugen und nicht für irgendeine Filmpremiere. Darüber hinaus hatte er immerhin für die Hauptrolle 220 000 Mark von mir bekommen, so daß ich dieses kleine Entgegenkommen von ihm schon erwarten durfte.« In letzter

Dreiundvierzig Jahre lang wußte O. W. Fischer Ehefrau Nanni an seiner Seite, bevor sie der Tod 1985 aus dem Leben riß.

Minute sagt O. W. Fischer wegen einer Furunkulose sein Erscheinen ab. Duerers Frau und *Skandal*-Darstellerin Nina Sandt rettet mit ihrem Wiener Charme und Sex den Abend.
Im Windschatten der *Don Camillo*-Erfolge greift O. W. Fischer im März 1958 zur Soutane und dreht in Rom seinen ersten ausländischen Film: *Don Vesuvio und das Haus der Strolche*. Die Figur eines handgreiflichen neapolitanischen Priesters basiert auf der im »Reader's Digest« veröffentlichten Lebensgeschichte des Paters Don Mario Borelli. 1949 hat

sich der schmächtige blonde Sohn eines Metallarbeiters zwei Monate lang Nacht für Nacht in den Hafengassen von Neapel verkleidet herumgetrieben, um Aufnahmen betrunkener Kinder, heruntergekommener Jugendlicher und verbrecherischer Banden zu machen. Mit diesen Fotos bat er Kardinal Ascalesi um die Erlaubnis, als Hafenarbeiter verkleidet in den Slums unterzutauchen. Der Kardinal ließ Borelli freie Hand: »Sie müssen wissen, was Sie tun. Sie wissen ja, daß Sie Ihr Leben damit aufs Spiel setzen.« Der falsche Strolch gewann das Vertrauen der Jugendlichen, nahm an Einbrüchen teil, deren Beute er aber heimlich vorab erworben hatte. Wegen seines Temperaments nannten die Gassenjungen ihn bald Vesuvio und wählten ihn zu ihrem Anführer. So erwarb Borelli ihr Vertrauen und konnte ihnen seine Mission enthüllen. Zusammen errichteten sie 1956 aus einer Ruine das erste Haus der Strolche, dem 1958 ein zweites folgte. Hundertzwanzig Heimatlose im Alter von sieben bis zwanzig leben darin unter seinem Schutz.

Die christlich engagierte Rolle liegt O. W. Fischer, der bei der Arbeit an diesem Sozialdrama auch die wahre Welt dieser unglücklichen Jugendlichen kennenlernt. Denn von der Verfilmung ihres Elends sollen auch die Betroffenen profitieren. So nimmt Regisseur Siro Marcellini neben einer Reihe junger Schauspieler auch ein paar echte Ganoven unter Vertrag. Einem von ihnen gibt man sogar eine etwas größere Rolle, die des Oreste, der – von Don Vesuvio bereits bekehrt – auf dem Bahnhof einen Diebstahl begeht, um das Geld dem Priester für seine Arbeit zu geben. Als Regisseur Marcellini seine Bande morgens vor Beginn der Aufnahmen um sich versammelt, fehlt Oreste. Die Aufnahmeleitung stellt fest, daß er auf dem Weg ins Atelier von der Polizei wegen einer bereits vor Drehbeginn des Films begangenen Straftat – er hatte im Bahnhof einen Koffer gestohlen! – verhaftet worden und für dreiundzwanzig Tage in das römische Gefängnis Regina Coeli eingeliefert worden war. Den Dreharbeiten droht eine Unterbrechung, da kann sich die Produktionsleitung durchsetzen und Oreste gegen eine Kaution für die Dauer der Dreharbeiten auslösen.

Mit dem deutschen Fernsehen war für die krisengeschüttelten Filmproduzenten ein neuer Gegner am Horizont erschienen. Man konkurrierte um jeden einzelnen Zuschauer. Filmtheaterbesitzer kauften sich Fernsehgeräte, um in ihren Foyers die Tagesschau und Fußballübertragungen anzubieten, worauf das Fernsehen mit den Waffen des Kinos zurückschlug. Am 10. April 1957 verkündete es die sensationelle Neuerung, in Zukunft Fernsehfilme von vorerst achtundzwanzig bis fünfundfünfzig Minuten Länge herzustellen. Am 7. September 1957 um 20.15 Uhr wurde dann der erste abendfüllende Fernsehfilm in der Geschichte des deutschen Fernsehens ausgestrahlt: *Der Richter und sein Henker* nach Dürrenmatts gleichnamigem Roman. Trotz ungeschickten Umgangs

Wie Fernandel und Heinz Rühmann stand auch O. W. Fischer, der als »Don Vesuvio« 1958 seinen ersten ausländischen Film fertigstellte, die Soutane prächtig.

mit der Technik und der übertriebenen Beredsamkeit der Schauspieler fiel dabei die Regieleistung des Spielleiters Franz-Peter Wirth auf, der sich auch mit seinen Fernsehfassungen moderner Bühnenwerke wie *Jeanne oder die Lerche* und *Die schmutzigen Hände* einen ausgezeichneten Namen als Spitzenregisseur des deutschen Fernsehens gemacht hatte. In den folgenden Jahren sollte vielen, wie dem Münchner Wirth, der Sprung aus den Fernsehstudios in die Kinoateliers gelingen.

Mit ... *und nichts als die Wahrheit* entscheidet sich Franz-Peter Wirth bei seinem Einstand für ein Remake von *Der Fall Deruga,* das als Gerichtskammerspiel seiner inszenatorischen Fernseherfahrung entgegenkommt. Die dadurch problemlosen Dreharbeiten mit O. W. Fischer als Mordverdächtigem bestärken Wirth denn auch in seiner Entscheidung für eine Spielfilmkarriere: »Es ist ein Glücksfall von einem Film. Ein Glücksfall aus mehreren Gründen:
- das Drehbuch, das mehrfach überarbeitet wurde, hat nichts verloren; es ist – im Gegenteil – immer besser und dichter geworden;
- durch die Verschiebung des Drehbeginns war es möglich, eine großartige Besetzung – O. W. Fischer, Marianne Koch, Ingrid Andrée – terminlich endlich unter einen Hut zu bringen;
- der junge Kameramann Günter Senftleben ist ebenso experimentierfreudig wie ich selbst;
- was mich ganz besonders überrascht hat: Keiner redet mir drein!

Davor war ich bei meinen ersten Schritten zum Film immer gewarnt worden und ich hatte etwas Angst. Aber zum Glück war sie unnötig: Ich habe alle Freiheit und ich konnte unter anderem eine ganze Reihe filmneuer Schauspieler, die ich vom Fernsehen kenne – Tiede, Rueffer, Ronnecker – neben so bewährten Filmschauspielern wie Franziska Kinz, Verhoeven, Domin, Rilla heranholen.«

O. W. Fischer verleiht der Rolle des undurchsichtigen Dr. Donat sein ganz persönliches Fluidum und vermag der historisch vorbelasteten, hier im Mittelpunkt stehenden Frage der

Mit Franz-Peter Wirth verliert das noch junge Fernsehen 1958 seinen ersten Regisseur an das Kino, wo Wirth O. W. Fischer und Ingrid Andrée in dem Gerichtskammerspiel »… und nichts als die Wahrheit« sicher zu führen weiß.

Euthanasie unspektakulär seine Sichtweise aufzuprägen: »Wenn man ein Tier mit dem Wagen anfährt und wenn es ein geliebtes Tier ist, wird man es nicht leiden lassen, sondern ihm einen Gnadenschuß geben, und jeder wird das richtig finden. Sie wissen, wie sehr ich Katzen liebe – es ist mir selbst schon passiert, daß ich eine Katze verletzt habe und daß ich verzweifelt nach einem Messer suchte, um das Leiden des Tieres zu beenden. Einem Menschen, der einem nahesteht, darf man diesen Dienst nicht erweisen, man muß zusehen, wie er sich quält bis zur natürlichen Erlösung. Dieser Dr. Donat gibt seiner Frau das Gift nur aus übergroßer Liebe, weil er ihre

Qualen nicht länger mitansehen kann. Trotzdem wird er vor den Schranken des Gerichts nie von der Schuld freigesprochen werden.«

Bereits am 15. Juni 1958 kehrt Franz-Peter Wirth zu seinem nächsten Spielfilm mit O. W. Fischer ins Studio zurück. Während die übrige Filmwirtschaft in ihrem Verleihangebot von 1958/59 auf Militarismus und Sex setzt, produzieren Henri R. Sokal und Peter Goldbaum unter dem Titel *Helden* eine Verfilmung von George Bernard Shaws Komödie *Arms and the Man,* die eine beißende Attacke auf alle sinnentleerten Ehrbegriffe ist und dabei auch noch Platz für eine intelligente Romanze läßt. Die Rolle des nuschelnden Praliné-Soldaten Bluntschli, der auf der Flucht vor dem Feind bei der Braut (Liselotte Pulver) eines gegnerischen Offiziers unterschlüpft, bietet O. W. Fischer vergnüglich-sarkastische Dialoge, die er mit lässiger Nonchalance zu einer Meisterleistung hochstilisiert. Neben dem wabernden Wahnsinn König Ludwigs ist die intelligente Ironie des lebenslustigen Bluntschli Fischers Paraderolle, mit der er auch später auf Theatertournee gehen wird.

Einundvierzig Vorhänge kriegt O. W. Fischer bei der Filmpremiere am 17. Dezember im Hamburger Ufa-Theater. Vor dem Kino liefern sich autogrammjagende Teenager mit der Polizei eine Straßenschlacht, die die Anwesenden – O. W. Fischer, Liselotte Pulver, Ellen Schwiers und Jan Hendricks – zwingt, in einer Garage Zuflucht zu suchen. Wie allgemein erwartet, kassiert *Helden* den Deutschen Filmpreis 1959 als bester deutscher Spielfilm des Jahres. Den Wanderpreis die »Goldene Schale« und die Prämie von 150 000 Mark erhalten die Sokal-Goldbaum-Filmproduktion und die Bavaria-Filmkunst. O. W. Fischer erhält als bester Hauptdarsteller des Jahres das Filmband in Gold. Die Bambi-Verleihung und ein Preis der Deutschen Filmkritik runden die *Helden*-Bilanz ab. Derart gefeiert, verdoppelt O. W. Fischer auf einen Schlag seine Gagenforderung und läßt sich für *Peter Voss, der Millionendieb* zwischen 300 000 und 350 000 Mark plus eine Beteiligung am Einspielergebnis garantieren. Produzent Kurt Ulrich von der Berolina zahlt diesen Betrag nicht ganz freiwillig. Nach über zweijährigen Verzögerungen will er endlich sein größtes und teuerstes Filmunternehmen durchziehen. Beim ersten Anlauf 1956 kam ihm die unsichere weltpolitische Lage nach der Suez-Krise und dem ungarischen Volksaufstand in die Quere. Der Clou des Films wären nämlich die internationalen Schauplätze gewesen, die das Drehteam in dreißig Tagen um die Welt bringen sollten. Im Mai 1958 erscheint Kurt Ulrich die Weltlage friedlich genug, und er will mit dem französischen Star Eddie Constantine in der Rolle des Peter Voss zum Drehtrip aufbrechen. Das gesamte Team ist schon fünffach gegen Pocken, Cholera, Malaria, Fleckfieber und Typhus geimpft, da gibt's Eddie seinem Produzenten und steigt aus. Nur sein Sparringpartner und Stuntchoreo-

»Helden« müssen Opfer bringen, doch der wundgelaufene O. W. Fischer verliert beim Dreh in der Rolle des Hauptmanns Bluntschli trotz aller anstrengenden Fußmärsche nie sein Lächeln.

Metamorphosen eines Stars – O. W. Fischer als Peter Voss (1958/59).

Selbst in seinem Häuschen in den Bergen ist »Peter Voss, der Held des Tages« (O. W. Fischer) nicht vor Ruhestörern sicher, die ihn im Kampf gegen Diebe und Betrüger bemühen wollen.

graph Henri Cogan bleibt dem Team erhalten. Diesmal verschiebt sich das Projekt nicht mehr um Jahre, sondern nur um Wochen.

Kurzfristig springt O. W. Fischer für das viele liebe Geld ein und schlägt Harry Liedtke (1921), Willi Forst (1932) und Viktor de Kowa (1943), seine Vorgänger in dieser Rolle, um Längen. Sein Peter Voss ist ein vorweggenommener James Bond, dessen gefährliche Abenteuer den sportlichen Einzelgänger in aller Herren Länder führen, wo er in vollendeter Manier die hinterlistigsten Verbrecher austrickst und gebrochene Frauenherzen zurückläßt. Ein Peter Voss, der das Leben vor internationaler Luxuskulisse genießt und sich selber nicht allzu ernst nimmt. Um diesen Draufgänger darzustellen, reicht natürlich ein O. W. Fischer nicht. Als das Drehteam am 27. Juli zu seiner Reise durch Mailand, Genua, Barcelona, Lissabon, Rio de Janeiro, Panama, Mexiko, Tokio und Hongkong aufbricht, darf ein wichtiger Helfer nicht fehlen. Fischers Stuntdouble.

O. W. Fischer läßt sich häufig doubeln und setzt sich für seinen Stuntman auch rücksichtslos ein. Bei der Überfahrt von Genua nach Barcelona nutzt Produzent Kurt Ulrich die Zeit, um an Deck der »Cabo San Roque« eine Action-Szene zu drehen. Der Stuntman soll vom Oberdeck auf das zweieinhalb Meter tiefere Zwischendeck springen. Regisseur Wolfgang Becker fragt den Stuntman, ob er das bringen könne oder ob irgendwelche Sicherungsmaßnahmen nötig seien. Der verneint. Er landet jedoch so unglücklich, daß beim Aufsprung sein Knöchel bricht und die Ferse splittert. Das gibt den Anlaß zu einem handfesten Streit zwischen O. W. Fischer und dem Regisseur. Fischer brüllt herum, attackiert die Produktion und beschimpft den Regisseur als Leuteschinder.

O. W. Fischer: »Wolfgang Becker, halten Sie den Mund!«
Darauf Becker: »Nein, ich halte nicht den Mund.«
O. W.: »Was wollen Sie denn hier, wer hat Sie denn gerufen, wir brauchen Sie nicht, Herr Becker, kein Mensch will Sie hier haben.«

Kein Wunder, daß nach dem Kassenerfolg des *Millionendiebes* 1959 ein anderer Regisseur die Fortsetzung *Peter Voss, der Held des Tages* inszenieren wird: Georg Marischka, O. W. Fischers künstlerischer Berater.

Nach dem mißglückten deutschen Experiment der Universal wagt es die Londoner Rank im August 1958 erneut und ver-

Nach dem üblichen Streit mit dem Regisseur läßt O. W. Fischer (Mitte) seinen langjährigen künstlerischen Berater Georg Marischka (links) die Regie der fortzusetzenden Voss-Abenteuer übernehmen.

pflichtet O. W. Fischer, Hardy Krüger, Elisabeth Müller, Horst Buchholz, Curd Jürgens und Hildegard Knef für eine Reihe internationaler Produktionen. Fischers Gage in Höhe von 336 000 Mark gilt dabei weniger seiner Darstellung eines

Rheinschiffers in dem Thriller *Whirlpool* (Die schwarze Lorelei) denn seiner Rolle als Beschäftigungstherapeut der mitspielenden Juliette Gréco.
Nach einer Phase als Hohepriesterin des Existentialismus war die schwarze Rose von Saint Germain des Près in die Welt gezogen und hat vor allem in den USA Furore gemacht, wo ihr »Life« und das »Time Magazine« Personality-Stories widmeten. Unter Kollegen in Mexiko stellte Mel Ferrer die Sängerin und Schauspielerin dem Filmmogul Darryl F. Zanuck vor. Der Tanz des Produzenten begann. Die Gréco wies ihn erst ab, verliebte sich dann aber doch in den um vierundzwan-

Nach dem mißglückten Versuch Hollywoods nimmt 1958 die Londoner Rank deutsche Stars für internationale Erfolgsproduktionen unter Vertrag: Horst Buchholz, O. W. Fischer, Hildegard Knef und Curd Jürgens feiern das Ereignis in Begleitung.

zig Jahre älteren Machtmenschen. Unter dem Spott und den Warnungen der Presse und Freunde lebten sie in Paris zusammen. Nach wie vor traf die Gréco ihre alten Freunde, lachte mit ihnen und weckte dadurch die Eifersucht ihres zunehmend mißtrauischen, geradezu düsteren Geliebten. Mit seinem Einfluß sorgt Darryl F. Zanuck dafür, daß Dreharbeiten die Gréco von ihren Pariser Freunden fernhalten. Und so findet sich O. W. Fischer ihr gegenüber.
Von der verkitschten Thriller-Romantik des Films bleibt weniger in Erinnerung als von der unglaublichen Aggression, die die Gréco gegen O. W. Fischer hegt. Er ist für sie »ein schreckliches Individuum, das sich den Haß und die Verachtung von fast allen Beteiligten zuziehen sollte«. Sie lästert über seine dreistündigen Schminkprozeduren und das Gehabe um seinen falschen Oberlippenbart, kritisiert seine Eigenheiten mit der ihr eigenen Heftigkeit und staucht ihn bei jeder Gelegenheit zusammen. Doch damit nicht genug. In ihren Memoiren deutet die Gréco sogar an, »daß eine boshafte Person die toten Härchen, die ihm allmorgendlich als Schnurrbartersatz unter die Nase geklebt wurden, angeblich durch andere, dem Satansweib an geheimster Stelle frisch abgeschnittene ersetzt« hätte. Die Spannung steigt, und Regisseur Lewis Allen muß zu einem Trick greifen, um die große Schlußszene in den Kasten zu kriegen. Der leidenschaftliche Abschiedskuß von O. W. Fischer und der Gréco muß in zwei getrennten Durchgängen gefilmt werden. Fischer umarmt ihr Double und die Gréco seines. Das Original von vorne, der falsche Star nur in Rückenansicht. Die zwei Einstellungen fügt der Cutter zu einer leidenschaftlichen Umarmung beider Streithähne zusammen.
Im Dezember 1957 war O. W. Fischer zu einer Drehbuchbesprechung mit Anna Magnani und Luigi Comencini in Rom gewesen. Doch die geplante Verfilmung von Alberto Moravias *Le resate di Gioia* zerschlug sich. Nun kommt Luigi Comencini – leider ohne die Magnani – nach Deutschland, um einen anderen Film mit O. W. Fischer für die CCC zu inszenieren. *Und das am Montagmorgen,* die Geschichte eines von Überstunden zermürbten Bankangestellten, der sein kindli-

Trügerische Eintracht zwischen Juliette Gréco und O. W. Fischer, die sich während der Dreharbeiten zu »Whirlpool« (1959) bis aufs Blut haßten.

ches Gemüt entdeckt und nicht mehr zur Arbeit erscheint. Wie immer in seinen Verträgen bedingt sich O. W. Fischer zum einen das übliche Mitspracherecht, zum anderen die für ihn typische Garderobenklausel aus. Letzterer Passus legt fest: »Die in dem Film getragene Garderobe geht nach Drehschluß automatisch in den Besitz von O. W. Fischer über.« Während anderen Schauspielern zumindest die Materialkosten in Rechnung gestellt werden, soll es O. W. Fischer mit

Zwischen Badewanne und Spielzeugeisenbahn entdeckt der Banker (O. W.) mit Hilfe der jungen Monika (Vera Tschechowa) wieder den Reiz kindischer Vergnügungen. »Und das am Montagmorgen« (1959).

diesem Standardparagraphen auf zweihundert bis siebenhundert geschenkte Anzüge in seinem Katzenschlößl gebracht haben. Sein Mitspracherecht an Comencinis Komödie schmuggelt nun in den im Hochsommer bei brütender Hitze spielenden Film eine Traumszene hinein, in der sich der Bankangestellte als Vorstandsdirektor sieht, der im Winter standesgemäß einen Zobelmantel trägt. Den Pelz im Wert von 3800 Mark läßt Atze Brauner natürlich sofort aus der Kalkulation und dem Drehbuch streichen.

Bei Atze Brauner arbeitet inzwischen Gottfried Reinhardt, der O. W. Fischer in Hollywood so vehement unterstützt hat, als Produktionschef. Brauner holte den Routinier für das monumentale Remake von *Menschen im Hotel,* das in seiner startträchtigen Neuverfilmung für vier Millionen Mark das teuerste Projekt jener Zeit ist. Generationen von Lesern kennen die in zwei Dutzend Sprachen übersetzte Romanvorlage von Vicki Baum. Millionen sahen die erfolgreiche MGM-Verfilmung mit Greta Garbo, Joan Crawford, John und Lionel

Vicki Baums »Menschen im Hotel« produziert Atze Brauner 1959 als Massenaufgebot hochkarätiger Stars wie Heinz Rühmann, O. W. Fischer und Gert Fröbe.

Barrymore. Auch Atze Brauner studiert den Klassiker gründlich in seinem Privatkino und wittert, siebenundzwanzig Jahre nach der Erstverfilmung, ein Riesenpotential für eine aufgefrischte Neufassung.

Zusammen mit Drehbuchautor Jochen Huth und Regisseur Curtis Bernhardt beschließt Brauner die Handlung aus den zwanziger Jahren in die Wirtschaftswunderzeit zu verlegen. Unter Reinhardts Aufsicht setzt sich die ganze CCC-Maschinerie in Bewegung. In fünf Ateliers auf dem Spandauer Studiogelände errichtet Rolf Zehetbauer das Hotel in all seinen Räumlichkeiten. Allein das gewaltige Foyer des Grand Hotels kostet 350000 Mark, obwohl man mit Sperrholz, Gips und Pappe statt Mahagoni, Marmor und Keramik arbeitet. Da erkranken plötzlich Jochen Huth und Curtis Bernhardt. Möglicher Ersatz ist kurzfristig kaum zu kriegen. Der Drehbeginn rückt immer näher, jeder verlorene Tag kostet Brauner 40000 Mark. Doch Hans Jacoby, der für O. W. Fischer schon *Bildnis einer Unbekannten* geschrieben hat, kann einspringen. Die Regie übernimmt der mit allem bestens vertraute Gottfried Reinhardt persönlich. Auf dem letzten Drücker wird die aufwendige Kulisse fertig. Und auch das Drehbuch entspricht den Änderungswünschen der teuren Stars. Erst im nachhinein kommen Atze Brauner Zweifel an dem Pomp. Diesen Film »hätte man getrost in kleinerem Rahmen herstellen sollen, an Erfolg oder Nicht-Erfolg hätte das wenig geändert«.

Doch jetzt sieht er sich fünf Spitzenstars gegenüber, die verdächtig freundlich zueinander sind. Lauernd umkreisen sich O. W. Fischer, Gert Fröbe, Michèle Morgan, Heinz Rühmann und Sonja Ziemann. Ständig darauf bedacht, einander Vorzugsbehandlungen durch das Team zu unterbinden. Nie bricht das drohende Gewitter aus, aber ein kleines Wetterleuchten ist stets zu sehen, wenn zum Beispiel Gert Fröbe O. W. Fischers autosuggestive Übungen nachäfft. Jeder mißtraut dem anderen, und wahre Diadochenkämpfe brechen um die Gunst des Produzenten aus, die Muster ansehen oder den Schneideraum betreten zu dürfen.

Gottfried Reinhardt hält alle fünf Hauptdarsteller auf Distanz und kommt dank seiner überkorrekten Förmlichkeit gut damit durch. Atze Brauner sieht sich noch während der Arbeit im Atelier erpresserischen Forderungen ausgesetzt. Ohne etwas voneinander zu ahnen, kommen O. W. Fischer, Michèle Morgan und Heinz Rühmann auf den Produzenten zu und machen die weitere Mitarbeit von der Zusage abhängig, im Filmvorspann als erste Namensnennung zu erscheinen. Atze Brauner verspricht es jedem der drei – unter der Bedingung allergrößter Verschwiegenheit. Nach dadurch gesichertem Fortgang der Dreharbeiten sieht man sich am 23. September zur feierlichen Premiere in München wieder. Vor Tausenden von Schaulustigen treffen die Hauptdarsteller ein, drei davon mit einem triumphierenden Lächeln um die Lippen. Das Licht geht aus, der Projektor setzt sich in Bewegung. »Menschen im Hotel. Ein CCC-Film im Verleih der Gloria. Mit ... O. W. Fischer – Michèle Morgan – Heinz Rühmann ...« Auf der anschließenden Premierenfeier umarmt ein begeisterter O. W. Fischer seinen Produzenten. Auch wenn nur das Alphabet den Ausschlag gab, so stand er nun an erster Stelle. Michèle Morgan ist merklich kühl, doch der galante Atze zieht sich mit fünfzig vorsorglich bereitgestellten Rosen aus der Affäre. Nur Heinz Rühmann bleibt schnippisch, findet sich aber mit der vollendeten Tatsache ab. An der Kinokasse schlägt sich der Film recht passabel, erhält aber nie die Chance, seine enormen Kosten einzuspielen.

O. W. Fischer dreht dann gleich seinen nächsten Film mit Gottfried Reinhardt für die CCC, den Hijacker-Thriller *Abschied von den Wolken*. Als todesmutiger Abenteurer gibt er hier wieder den unrasierten Zyniker zum besten, den kaum einer mag, bis er sich plötzlich als wahrer Menschenfreund entpuppt. Die Stewardeß möchte ihn gleich kapern, aber ihn zieht es wieder in die Welt hinaus. An seiner Seite spielt Deutschlands meistbeschäftigter Fernsehschauspieler, Horst Frank, dem sich jetzt eine Filmkarriere eröffnet. O. W. Fischer scheint ihn nicht besonders zu mögen, wie Horst Frank bei den Mustervorführungen deutlich spüren kann: »Ich geriet mit ihm aneinander, weil er jedesmal, wenn er mich groß sehen mußte, die Lippen spitzte und pfiff. Er mußte mich so

Um 1960 wendet sich der von neuen, philosophischen Interessen gefesselte Fischer mehr und mehr vom Filmalltag ab.

sehen bei den Muster-Vorführungen; ich hatte einige Großaufnahmen. Der Super-Star hörte erst auf zu pfeifen, nachdem ich ihm gesagt hatte, welche Super-Pfeife er sei; er konnte es leichten Herzens, es gab danach keine Großaufnahmen mehr von mir. Der Super-Star hatte sie rauspfeifen lassen.«

Zum Jahreswechsel 1959/60 gab der deutsche Film kein schönes Bild ab. Die Produzenten schaufelten sich mit gefälliger Routine ihr eigenes Grab. Supermärkte und Bowlingbahnen verdrängten immer mehr Filmtheater, und die Bavaria mußte sich in eine Atelier GmbH des Deutschen Fernsehens retten. Erschreckt fanden sich am 19. Januar 1960 die Chefs deutscher Produktions- und Verleihfirmen zusammen, um gemeinsame Kampfmaßnahmen zu beschließen. Ihr einziges einmütiges Votum, die Star-Gagen bei 100000 Mark einfrieren zu wollen, blieb Makulatur.

Den Verbleib seiner Gagen enthüllt O. W. Fischer im Mai 1960 im sonnigen Tessin. Sechshundert Meter hoch über einem der schönsten Täler Europas, abseits der lärmenden Welt, errichtet er sich in Vernate seine neue Fluchtburg, das Castello dei Pescatori, das Fischerschlößchen. Am Ende einer steilen Bergstraße erstreckt sich hinter dem zwei Meter hohen, hermetisch verriegelten Tor der dreizehntausend Quadratmeter große Park seiner Träume. Abgeschirmt durch einen Urwald, erhebt sich inmitten von Brücken und Bänken, mythischen Figuren und klassischen Skulpturen die Villa mit ihrer zehn Meter breiten Fensterfront und den kathedralenhaft hohen Räumen neben dem Pool. Zwischen den dichtgedrängten Kunstwerken vieler Epochen und Kulturen beschäftigt sich O. W. Fischer hier mit den kleinen Dingen des täglichen Lebens und widmet sich dem wissenschaftlichen

Ernst Stankowski, Dany Robin und O. W. Fischer in »Scheidungsgrund Liebe« (1960).

Selbststudium. Vom Johannes-Evangelium bis zu *Das dritte Auge* des tibetanischen Lama Lobsang Rampe reicht seine Lektüre, die ihn, von Liebe erfüllt, durch die Strömungen des Buddhismus, den jüdischen Glauben und den Geist des Christentums lustwandeln läßt.
Während er in seinem Garten Eden mit Nanni die Geheimnisse des Lebens ergründet, zeigt sich in der Öffentlichkeit nur mehr ein Phantom seiner selbst, das pflichtschuldig das Bambi der älteren »Film-Revue«-Leserschaft und den goldenen Otto der jugendlichen »Bravo-«Käufer entgegennimmt.
Er erscheint routiniert amüsant in dem Starvehikel *Scheidungsgrund Liebe* und läßt sich als erster Schauspieler mit dem goldenen Verdienstkreuz für Wissenschaft und Kunst der jungen Republik Österreich auszeichnen.
Einen O. W. Fischer aus Fleisch und Blut erlebt man dank Georg Marischkas Regie in der österreichischen Produktion *Mit Himbeergeist geht alles besser.* Die beiden Freunde beflügeln einander in dieser Wirtschaftswunder-Burleske und setzen Johannes Mario Simmels Roman launig und spritzig um. Dabei wirkt Fischers unmanierierte Gestaltung des Stehaufmännchens Philipp Kalder bereits wie eine mit leichter Hand skizzierte Vorstudie seiner nächsten Simmel-Figur: Thomas Lieven.
Ein Wiedersehen mit Maria Schell feiert O. W. Fischer 1961 in dem plüschigen Familienepos *Das Riesenrad,* das die Kritik als »*Ben Hur* des schlechten Geschmacks« geißeln wird. Jan de Hartogs Zweipersonenstück wird im Gegensatz zur kammerspielartigen Erstverfilmung 1952 *(The Four Poster)* mit Lili Palmer und Rex Harrison in Atze Brauners Produzentenhand zum übersüßten Filmmonster aufgeblasen, in dem O. W. Fischer mit aufdringlichem Weaner Charme und Maria Schell, ganz Seelchen, ihr stilles Glück in fünfzig Jahren österreichischer Geschichte aufrechterhalten. »Versprich mir, daß wir immer, wenn's für uns kritisch wird, a bisserl blödeln.« Den gesunden Menschenverstand hat bei dieser Produktion Regisseur Géza von Radványi gepachtet, dem O. W. Fischer die üblichen Schwierigkeiten bereitet. Auf die strahlende Feststellung seines Stars, er sei schließlich O. W. Fischer, er-

Mit der Devise »Einen Einfall muß man haben!« stürzt sich Stehaufmännchen Philipp Kalder (O. W. Fischer) in mannigfaltigen Verkleidungen unter die Wirtschaftswunder-Kapitalisten, um sie mit seinen Gaunereien auszunehmen: »Mit Himbeergeist geht alles besser« (1960).

widert von Radványi: »Das bist du in Daitschland, Otto. Aber wos bist du im Ausland? Do hält man dich für eine Zahnpasta.«

Das Comeback des Traumpaars der fünfziger Jahre mobilisiert die Massen. Anläßlich der Uraufführung in Hannover

sieht sich O. W. Fischer im Hotel von dichtgedrängten Fans umzingelt. Nichts geht mehr auf den Straßen. Während O. W. Fischer das Spektakel für selbstverständlich nimmt, freut sich Atze Brauner, daß seine Wette auf das nicht mehr ganz taufrische Paar aufzugehen scheint. In der Hotelhalle begegnet Brauner dem auch in Hannover weilenden Adenauer, der sich angesichts der Menschenmenge lautstark freut: »Dat is' 'ne janz schöne Auftrieb. Freu' isch misch drüber, meine Herren.« Diese Gelegenheit mag sich Atze Brauner nicht entgehen lassen, und er klärt den Bundeskanzler über den Sachverhalt auf. Adenauer ist verdutzt. Wer bitte sei O. W. Fischer?
Im Jahr zuvor, 1960, gelang Johannes Mario Simmel der große Durchbruch. Der Reporter (»Quick«) und Drehbuchautor (für O. W.: *Verträumte Tage* und *Tagebuch einer Verliebten*) erschrieb sich mit seinem Illustriertenroman *Es muß nicht immer Kaviar sein* den entscheidenden Erfolg. Am Anfang war es nur eine seiner typischen Fortsetzungsgeschichten, die er Woche für Woche weiterspann: »Es mußte jedesmal geliebt werden, es mußte jedesmal gefressen werden und es mußte jedesmal ein Abenteuer geben. Ausgehend von dem Fressen. Ich mußte zuerst von den Köchen erfahren, was das Menü ist, danach konnte ich mir dann überlegen, wie die Fortsetzung geschrieben wird.« Zusammengefaßt und als Roman wiederveröffentlicht, war die Geschichte des unfreiwilligen Doppel- und Dreifachagenten Thomas Lieven dann nicht minder erfolgreich. Simmel hatte sich als Schriftsteller durchgesetzt.
Die Filmrechte sichert sich 1961 Atze Brauner, der seinem Star O. W. Fischer daraus einen berauschenden Cocktail aus Koch-, Liebes- und Spionagekünsten mixt. In zwei Teilen *(Es muß nicht immer Kaviar sein, Diesmal muß es Kaviar sein)* konzentriert sich alles auf den dreisten Charme des von O. W. Fischer leinwandbeherrschend verkörperten Anti-Helden. Auf die Ausstattung der im Zweiten Weltkrieg spielenden Satire legt man weniger Wert, wie die »FAZ« befindet: »Der Küchenschrank in der Londoner Küche vor Kriegsausbruch ist wohl in einer schwedischen Werkstatt um 1960 entstanden, O. W. Fischer trägt ein fesches Lidohemd, wie man

Damen (Senta Berger) und Delikatessen umgarnen Thomas Lieven (O. W. Fischer).

es heutzutage im Sommer kauft, eine französische Agentin muß wohl die Haartracht über zwanzig Jahre hinweg im voraus geahnt haben, denn sie geht einher, als ob sie heuer bei

»Es muß nicht immer Kaviar sein« (1961). Manchmal genügen dem Doppelagenten Thomas Lieven (O. W.) auch eine Zigarre vom Agentenführer (Wolfgang Reichmann) oder etwas Zärtlichkeit vom Lockspitzel Vera (Eva Bartok).

einem guten Coiffeur in Behandlung gewesen wäre, ein anderer Spion rasiert sich gar schon elektrisch – fürwahr eine Meisterleistung anachronistischer Regie mit umgekehrten Vorzeichen.«
Der beständige Kassenerfolg hilft O. W. Fischer, seinen Produzenten Atze Brauner von einem ungewöhnlichen Projekt zu überzeugen. Sein alter Wunschtraum ist es, das *Buch von San Michele* zu verfilmen. In dieser poetisch verfremdeten Autobiographie läßt der schwedische Hofarzt, Lebemann und Tierfreund Axel Munthe in seinem Haus auf Capri ein aufregendes Leben Revue passieren. Atze Brauner vertraut

dem Welterfolg des in über fünfundzwanzig Millionen Exemplaren verkauften Buches und läßt O. W. Fischer walten. *Axel Munthe, der Arzt von San Michele* sollte das größte Verlustgeschäft Atze Brauners werden.

Vier Autoren verschleißt O. W. Fischer, bevor das Drehbuch seiner Vorstellung entspricht. Géza von Radványi hat nach *Das Riesenrad* und dem *Kaviar*-Doppel einstweilen genug von Fischer und lehnt den Regieauftrag ab. Georg Marischka übernimmt die Leitung und gibt sie mitten während der Dreharbeiten in Italien an Rudolf Jugert weiter. Nach der letzten Klappe räumt auch Jugert das Feld und überläßt seinem Hauptdarsteller die Mischung. Unter dem Protektorat des deutschen Tierschutzbundes läuft schließlich am 28. September 1962 ein effektsicheres Konvolut an, das quasi als Quint-

Ein schönes, aber unfreiwilliges Paar (O. W. Fischer, Senta Berger), das in »Es muß nicht immer Kaviar sein« Juwelen raubt.

essenz von O. W. Fischers Weltbild philosophierende Exkurse, genießerische Exzesse, ein Leben voller Liebe und eine Welt voller Wahnsinn gegenüberstellt.

Nach dieser Pleite setzt Atze Brauner 1963 wieder auf Nummer Sicher und kehrt zu seiner bewährten Strategie der übersichtlichen Komödie mit internationalem Appeal zurück. In *Frühstück im Doppelbett* bilden O. W. Fischer und Liselotte Pulver einen erotischen Reigen mit Ann Smyrner und Lex Barker. Die Dreharbeiten verlaufen in bester Harmonie, selbst Lex Barker ordnet sich O. W. Fischer unter: »Otto, deine Kopfchen und meine Kräftemuskeln gemixt, du, dann wir haben eine Supersuperman.«

Das Köpfchen vernachlässigt immer mehr die Filmarbeit, studiert lieber Sanskrit und verfaßt kladdenweise philosophi-

Unendlich glücklich träumt der junge Schwede vom Lebensabend auf Anacapri: »Axel Munthe, der Arzt von San Michele« (1962).

Mit der Autorin Claudia (Ann Smyrner) gönnt sich der Verleger Clausen (O. W.) in Bett und Verlagsprogramm eine glühende Vorkämpferin der sexuellen Revolution.

sche und religiöse Abhandlungen. »Ich hab' nie recht in die Filmerei gepaßt. Ich hab's nur gekonnt und hab's getan. Und ich bin auch froh darüber. Es war eine flimmernde Erfahrung. Aber die Etymologie, die Lehre vom Wort, die mir mühelos aus der Hand fließt, ist nun eben viel, viel mehr meine Welt.« Der handwerkliche Niedergang der Filmbranche macht O. W. Fischer diese Entscheidung leicht. Nur gelegentlich bessert er in einem kleinen Film sein Konto auf.

Nach neuem Spiel- und Liebesglück versucht »Der Marquis« (1965, O. W. Fischer mit Ana Casares) verzweifelt, sein an ein Killersyndikat verpfändetes Leben zurückzukaufen.

1959 eröffnete *Der Frosch mit der Maske* die Serie der Edgar-Wallace-Filme, gruselige Gewaltphantasien aus einer gierigen Welt. Nach deren bewährtem Strickmuster verfilmte man auch die Romane von Bryan Edgar Wallace und Louis Weinert-Wilton. Von letzterem stammt die Vorlage zu *Das Geheimnis der schwarzen Spinne,* wo O. W. Fischer sich 1963 in der Rolle des rasenden Reporters als besserer Blacky Fuchsberger versucht. Die Entourage dieses Fließbandprodukts

bilden die bewährten Wallace-Krieger Karin Dor, Werner Peters und natürlich ein unheimlicher Klaus Kinski neben einem haspelnden Eddie Arendt.
Kleine Ewigkeiten verschwindet O. W. Fischer von der Bildfläche und läßt die Gerüchteküche den Tod im Tessin herbeireden, um sich dann wieder unvermittelt zurückzumelden. »Wenn es das Schicksal will, werde ich wieder mehr filmen. (...) Was meine Leiche betrifft, so muß ich die Leute enttäuschen. Ich lebe!« Die Vorherrschaft übertriebener Krimis, phantasieloser Action-Streifen und unsäglicher Karl-May-Filme in den Kinos verärgert ihn. »Die deutschen Filmer sollen nicht die Amerikaner imitieren, sondern wieder zu ihrer hochqualifizierten Träumerei zurückkehren.« Nur gelegentlich verläßt er das Tessin, um im Atelier zu stehen. »Wenn andere an die Riviera fahren, mache ich Film.« *Der Marquis – der Mann der sich verkaufen wollte* und *Onkel Toms Hütte* 1965, *Geh ins Bett, nicht in den Krieg* 1966, *Liebesvögel* 1969. Hingeschluderter Euromatsch, lieblose Kommerzware, die man sich schlechter kaum vorstellen kann. Oft weiß er nicht einmal, ob diese Filme je in Deutschland gelaufen sind. Und doch ist das noch eine positive Auswahl der O. W. Fischer angetragenen Stoffe. »Ich möchte es keinem zumuten, die Bücher zu lesen, die mir pausenlos ins Haus flattern.«

Das Heim von tausend Rätseln

»Ich bin – wie eine Hauskatze – gern daheim und arbeite hier. Es ist für mich immer ein schwerer Entschluß, von Lugano fortzugehen.« Kaum mehr durch die flimmernde Filmwelt abgelenkt, taucht O. W. Fischer in die Tiefen metaphysischer Phänomene und stellt sie zu religiösen, philosophischen und philologischen Erkenntnissen in Bezug. »Es ist das Alter einer Seele, die vor dem Ende ihrer Wanderung mehr Reinheit = Resultat der Mühe sucht.« Selbst die moderne Atomphysik bemüht er, um die Welt in ihrer Ganzheitlichkeit zu ergründen, zieht Planck, Bohr, Einstein, Heisenberg und Hahn zu Rate. »Die gefundenen Phänomene sind ja nicht nur Rie-

»Ich habe von den Tieren am meisten gelernt, mehr noch als von Kant und Goethe.«

senspielzeug in und um uns, sondern die Struktur von allen Wesen. Was wir in der Physik erleben, ist der eigene Roman, ist rotierendes Geheimnis. Und GeHEIMnis kann gar nicht pathetisch genug klingen. Was wir hier mit Lust erleiden, unser Leben, ist das Heim von tausend Rätseln.«
Fipsi, Baron, Spuziwanski, Dididu und bis zu dreizehn weitere Katzen sind ihm dabei weise Weggefährten. »Ich habe von den Tieren am meisten gelernt, mehr noch als von Kant und Goethe. Von einem sterbenden Kater habe ich die schweigende Sprache kennengelernt. Menschen haben füreinander die Suada, mit der sie sich hold verführen. Aber dann kommt ein Punkt, wo man nur noch schweigt und sich anschaut.«
Auf drei verschiedene Arten bricht der im Kino verstummte O. W. Fischer sein Schweigen, kehrt zum Theaterleben zurück, entdeckt die Fernseharbeit für sich und findet als Schriftsteller seinen Weg.
Auf den Salzburger Festspielen kehrt O. W. Fischer 1967 zur Bühne zurück und schlägt mit der Titelrolle in *Der Schwierige* eine Brücke zu seinen Anfängen. Gilt doch Hugo von Hofmannsthals Komödie als Inkarnation dessen, was man im Jargon der Wiener Theaterbranche unter einem Josefstädter Stück versteht. Die köstliche Karikatur der Wiener Gesellschaft dreht sich um den sensiblen Grafen Brühl, der edelsten Ausprägung jener mit dem k. u. k.-Reich untergegangenen Wiener Aristokratie. »Graf Brühl ist«, in O. W. Fischers Augen, »nicht schwierig im Sinne von ›Allüren haben‹, die hatte ich auch nie, er ist schwierig im Sinne von ›anders als die anderen‹. Zu meinem Erstaunen merkte ich bei der Lektüre des Stückes, daß der ›Schwierige‹ kein vertrottelter Wiener Bobby ist, sondern ein Fremder in einer Gesellschaft, die nach dem Ersten Weltkrieg etabliert, im Grunde aber zeitlos ist. Ein degenerierter Adliger wird nach einer Kriegsverschüttung plötzlich vom Geist gestreift und wird so ein Fremder in seiner Gesellschaft.«
Die mit Spannung erwartete Premiere gerät zum Desaster. Ein nuschelnder, im Text stark abweichender O. W. Fischer droht im zweiten Akt sogar fast einzunicken. Zuerst ist von

Desaster bei den Salzburger Festspielen 1967 als »Der Schwierige«.

den ihm seit seinem Abitur vertrauten Beruhigungsmitteln die Rede, dann geht das Gerücht vom Gedächtnisschwund wieder um. Dem befremdlichen Ausrutscher schickt O. W. Fischer aber noch eine weit merkwürdigere Wahl hinterher. Er geht mit dem *Schwierigen* auf Tournee. »Ich weiß selbst noch nicht genau, in welchem Dorf wir beginnen«, rätselt O. W. Fischer, der als fahrender Komödiant in seinen nun folgenden Wanderjahren mit einem Ensemble von Stichwortgebern durch die Provinz tingeln wird.

Zwischen Timmendorfer Strand und Kölner Millowitsch-Theater reist O. W. Fischer mit seinen Lieblingsstücken über die Dörfer, um »wieder die Liebe des Publikums zu spüren – denn das ist die schönste Auszeichnung, die ein Schauspieler bekommen kann«. Für diese Huld nimmt er auch die große Strapaze Hunderter von Vorstellungen en suite auf sich. Doch er wird dafür belohnt. Ob bei *Der Schwierige,* Cronins *Stunde der Bewährung,* Shaws *Helden* oder Scribes *Ein Glas Wasser,* überall stürmt ein rührend verehrungswilliges Publikum die Theater, um sein fernes Idol aus der Nähe feiern zu können. Theaterkritiker sind unerwünscht, wären aber auch fehl am Platz, da es keine Bühnenleistung zu bewerten gibt. Diese Vorstellungen sind Bunte Abende eines chargierenden Alleinunterhalters, der seine Fans zum Jubeln und Quietschen bringt, indem er die Textruinen großer Dichter röhrend ausstößt.

Wer die Spannbreite seiner Stimme, alle Nuancen zwischen Beschwörung und Überredung genießen möchte, darf nicht ins Theater gehen, sondern muß sich mit dem Privatgelehrten unterhalten. Die Gelegenheit ist da. Denn nach acht Jahren Selbststudium im Tessin versucht O. W. Fischer 1968 in Vorträgen an den Universitäten von Mainz, Hamburg, Köln, Erlangen, München und Salzburg seine Erkenntnisse der »Allhypnose«-Theorie zu vermitteln, »die der Mensch nicht begreifen will«. O. W. Fischer mahnt, daß alles auf der Welt hypnotisiert sei, zum Zwecke einer unterirdisch-überirdischen Einheit. Der Mensch lebe in einem Trancezustand, der ihm ein anderes als das wahre Ich vorspiegle. Weil er nur glaube, was er sieht, sei der Mensch sein eigener Clown, der das Porträt seiner selbst mit dem verborgenen Ich verwechsle. Das Leben sei Traum. Die Selbsthypnose sei der Weg, um jedermanns verschwindend geringes Wachbewußtsein zu steigern. Die Freiheit des Individuums läge nur darin. Eine Freiheit, die im Jahr der Studentenrevolte kaum jemand interessiert. O. W. Fischers Vortragsreise erregt zwar Aufsehen, erntet aber nur höflichen Applaus.

Noch immer bestimmt O. W. Fischers Bild aus den fünfziger Jahren das Bewußtsein der Öffentlichkeit. Die Fernsehausstrahlung seiner Kinofilme bringt säckeweise Fanpost. Das ZDF wird auf den Mann aufmerksam. Zuerst porträtiert ihn Reinhart Hoffmeister in *Die Rückkehr des O. W. Fischer*. Mit einem Mini-Kamerateam begleitet er O. W. Fischer in Salzburg, Wien, Klosterneuburg, Vernate und drei Tage lang auf einer Theatertournee im Bus quer durch Deutschland. Das Tageshonorar von 1.000 Mark soll nur ein Anfang sein. Das ZDF will O. W. Fischer für sein Elektronentheater gewinnen und verspricht ihm bei freier Rollenwahl eine angemessene Gage.

Die österreichischen Kollegen vom ORF sind schneller und

Nach vierjähriger Kinopause findet O. W. Fischer (hier mit Sabine Sinjen) 1973 dank der Fernsehproduktion »Das weite Land« auch wieder den Weg in die Filmtheater.

verpflichten O. W. Fischer 1969 für die Fernseheinrichtung von Schnitzlers *Das weite Land*. Der Schauspieler Fischer fühlt sich wie eine Ente, die lange an Land war und endlich wieder schwimmen kann. Dank Schnitzler. Seine erste Karriere hat damit begonnen – bei der Abschlußvorstellung im Reinhardt-Seminar spielte er den Theodor in *Liebelei*. Und nun eröffnet ihm Schnitzler die neue Fernsehkarriere. Diesem Fernsehfilm von Peter Beauvais mit Ruth Leuwerik, André Heller, Michael Heltau und Helmut Qualtinger verdankt Fischer darüber hinaus sein Kino-Comeback, da *Das weite Land* 1973 in Deutschland und Österreich verdientermaßen in Filmtheatern eingesetzt wird.

Die Tragikomödie um ein Ehepaar der feinen Wiener Gesellschaft zur Jahrhundertwende sieht O. W. Fischer ganz aktuell: »Es ist eine Don-Juan-Geschichte, die von Beauvais und mir sehr bewußt in die Moderne gedrängt wurde. Ich spiele eine Art dämonischen Playboy, und für das unerhört Heutige an der Figur halte ich, daß hier ein Mann sich der Unmoral förmlich verpflichtet fühlt. Für ihn gehört es quasi zum guten Ton, seine Frau zu betrügen, obwohl er sie liebt. Wir haben dieses fortgesetzte Provozieren in der Rolle ganz konsequent durchgeführt und damit, wie ich meine, den klaren Bezug zur Moderne hergestellt: Das Problem unserer Zeit ist doch, daß alle Tabus fallen – und dieses Zerfließen ins Chaotische hat bereits bei Schnitzler begonnen. Nur die Verpflichtung, die sich Hofreiter auferlegt hat: modern zu sein, sich der Unmoral verpflichtet zu fühlen, und daß er seine Frau schließlich damit ansteckt, macht diese beiden Menschen unglücklich. Wie wahrscheinlich jede konsequent durchgeführte Unmoral unglücklich macht.«

Während ihm 1970 das Wiener Unterrichtsministerium in Anbetracht seiner Verdienste als Dozent für Theaterwissenschaft an Universitäten in seiner Heimat und in der Bundesrepublik den Professoren-Hut verleiht, stürzt sich O. W. Fischer in seinen Fernsehfilmen auf die Rollen Gescheiterter, die noch einmal die Schulbank des Lebens drücken müssen, auf die Halbgötter der Oberschicht, die sich plötzlich ihrer Unwissenheit bewußt werden. Machthaber kleiner Reiche, die plötzlich durch Außenstehende hinterfragt und sensibilisiert werden. In dem Kammerspiel *Transplantation* (1969) stürzt die Organentnahme an einem gerade noch Lebenden den operierenden Professor Kalas in einen Gewissenskonflikt um ethische und strafrechtliche Grenzen medizinischer Eingriffe. Das Historienspiel *Der Tag des Krähenflügels* (1970) zeigt einen entmachteten Machiavelli als Folteropfer seiner eigenen Doktrin. Ein der Welt entrückter Sir wird in der Romanze *Die Fliege und der Frosch* (1970) von einem Mädchen wachgerüttelt. Die *Amouren* (1972) eines alternden Stars überdecken nur dessen Hilflosigkeit. In der Fernsehfassung von *Ein Glas Wasser* (1975) dreht O. W. Fischer das System um und spielt den sonst immer als vornehmen Edelmann angelegten Lord Bolingbroke als verschuldeten Trinker deftigster Art, der plötzlich das feine Intrigenspiel der Hofgesellschaft wanken läßt.

O. W. Fischers Solonummern kommen hierbei immer dann sehr unverfälscht zur Geltung, wenn er im Studio elektronischen Kameras gegenübersteht, die lange Szenen nicht mehr in Einzeleinstellungen zergliedern, sondern ihn durchspielen lassen. »Der Schauspieler kann also versuchen, den Regisseur zum Publikum zu machen – ihn zu überzeugen. Er ist weniger der Einflußnahme Dritter ausgesetzt, jedenfalls weniger, als das beim Film oft der Fall ist.«

Was folgt, sind nur noch zwei Filme, Fernsehfilme, die O. W. Fischer zu Maria Schell zurückfinden lassen und all jene Lügen strafen, die das Traumpaar für das gefährlichste Duo seit Nitro und Glyzerin halten. Die Dreharbeiten sind zwar anstrengend, aber nicht explosiv. Für die Boulevard-Komödie *Teerosen* (1977) bringt Regisseur Rolf von Sydow beide nur mit Mühen, Tricks und Notlügen zusammen. Erst nach ihrer voneinander unabhängigen Zusage erfahren Maria Schell und O. W. Fischer, daß sie gemeinsam in dem Film spielen. Im Studio muß von Sydow dann heftigst taktieren: »Ich habe schamlos gelogen. Ich habe jedem von beiden immer wieder gesagt, wieviel besser er bzw. sie als sie bzw. er sei. Ich mußte sie oft behandeln wie Kinder. Ich habe mit Liebesentzug gedroht, indem ich einfach wegging. Dann machten sie weiter. Die bei-

Mit dem Charme eines Grandseigneurs feiert O. W. Fischer 1986 fröhliche Urständ.

den waren zeitweise wie Hund und Katze!« Die Liebesmühe soll sich für alle drei nicht auszahlen, Kritiker und Zuschauer verreißen das verunglückte Fernsehspiel einmütig. Allen Niewieder-Schwüren zum Trotz werden O. W. Fischer und Maria Schell 1988 ein weiteres Mal gemeinsam drehen: *Herbst in Lugano.* Drei triste Fernsehepisoden zwischen Mittelmaß und unfreiwilliger Parodie.

Am 5. Juni 1985 stirbt der gute Mensch in seinem Hintergrund, O. W. Fischers Frau, im Alter von zweiundachtzig. »Die Zweisamkeit mit meiner Frau Nanni war einmalig. Sie hat sich nicht für meine wissenschaftlichen Spinnereien interessiert, aber mir fehlt der Partner zum Lachen – vielleicht bin ich jetzt auf der Suche nach dem Verlorenen.« Der Glaube an die Reinkarnation hilft ihm darüber hinweg, die Gespräche mit der Toten stärken ihn, aber es bleibt eine Leere zurück, die O. W. Fischer mit einer ungewohnten Betriebsamkeit ausfüllt. Der alte Philosoph verläßt seine Einsiedelei, um sein ganzheitliches Weltbild vorzustellen. Und – zum ersten Mal in seinem Leben findet er Resonanz.

Er, der Talkshows früher noch für Manegen eitler Trapezkünstler hielt, drängt – seine Bücher unterm Arm – jetzt auch vor die Kameras privater und öffentlich-rechtlicher Sender. Er, der sonst nur für sich allein schrieb und bis auf ein dünnes Bändchen 1977 *(Was mich ankommt, als Gesicht, Traum und Empfindung)* nichts von seinen ausschweifenden Gedankengängen publizieren wollte, stellt im Oktober 1985 unter dem Titel *Auferstehung in Hollywood* Verwirrendes, Befremdendes und Unbegreifliches aus seinem Nähkästlein vor. »Das Schreiben ist der Höhepunkt meines Lebens, nicht das Filmen. Denn als Dichter stehe ich erst am Anfang, in dieser Rolle bin ich noch ganz jung, als Schauspieler aber wäre ich längst ein steinalter Mann.« Täglich bei Tagesanbruch arbeitet er an seinen Büchern. »Ich lasse es dann in mir arbeiten.« Er schreibt, wie er spielte. »Man muß die Hand laufen lassen, es kommt viel mehr dabei heraus, als wenn man denkt, die Hand weiß viel mehr als man denkt.«

Der »zeitlose Ladykiller, aus dessen Auge das Feuer lavaartig springt« (Michael Graeter), sammelt nicht nur die treuen Fans von früher um sich, sondern trifft auch den Nerv einer neuen Generation, die im Einklang mit der Umwelt leben will. Verblüfft registrieren die Medien O. W. Fischers Siegeszug mit seiner vifen Mischung aus Grandseigneur und Professor. Die Show-Welt applaudiert ihm und zeichnet ihn 1987 erneut mit dem Bambi aus. Indes erliegt O. W. Fischer immer noch nicht den Verlockungen des *dolce vita.* Pflichtbewußt kehrt er zu seinem Schreibtisch nach Vernate zurück, wo er kokett über zuviel Arbeit klagt.

Im täglichen Schreibfluß befreit er sich von seinen Lebenserinnerungen, deren 1986 verlegter erster Band, *Engelsknabe war ich keiner,* die wundersame Geschichte eines jungen Menschen in den Jahren zwischen 1915 und 1933 um die mystischen Erfahrungen des reifen Mannes anreichert. Ein zweiter Band über seine Theater- und Filmjahre soll folgen. Dem wird O. W. Fischer vielleicht noch ein aktualisiertes Kapitel anfügen müssen. Denn trotz des ihn ausfüllenden autobiographischen Spätwerkes bleibt ihm genug Zeit, neue Filmprojekte voranzutreiben. Für den Produzenten Maximilian Roth und dessen Projekt *Der verlorene Traum* schreibt sich O. W. Fischer die Rolle des Sigmund Freud auf den Leib. Ein anderer Produzent, Jürgen Kriwitz, sieht O. W. Fischer als Idealbesetzung des bayerischen Königs Ludwig I., dem noblen, genialischen Gestalter Münchens, der Lola Montez verfiel.

Filmographie

Abkürzungen

A	(Österreich)	R	(Regie)
BRD	(Deutschland, Westzone nach 1945)	B	(Drehbuch)
D	(Deutsches Reich bis 1945)	b/a	(basiert auf)
DK	(Dänemark)	K	(Kamera)
E	(Spanien)	S	(Schnitt)
F	(Frankreich)	M	(Musik)
GB	(Großbritannien)	L	(Lieder)
I	(Italien)	D	(Darsteller)
LUX	(Luxemburg)	P	(Produktion)
YU	(Jugoslawien)	s/w	(Schwarzweiß)
		UA	(Uraufführung)
		Pr	(Premiere)

Abschied von den Wolken (Angst im Nacken) (BRD 1959)
R: Gottfried Reinhardt; B: Georg Hurdalek b/a Ladislas Fodors Manuskript; K: Klaus von Rautenfeld; S: Kurt Zeunert; M: Werner Eisbrenner.
D: O. W. FISCHER (Peter van Houten), Sonja Ziemann (Carla), Peter van Eyck (Pink Roberti), Christian Wolff (Mischa Gomperz), Paul Dahlke (Dr. Quartz), Chariklia Baxevanos (Stella Valencias), Günter Pfitzmann (Howard Sims), Horst Frank (Richard Marshall), Leon Askin (General Cardobas), Linda Christian (Gräfin Colmar), Erica Beer (Cecily Sims), Cora Roberts (Doris), Olga Plüss (Françoise Leclerc), Silvia Reinhardt (Eva Roberti), Paul Esser (Monsignore Scarpi), Martin Berliner (Rabbiner Birnbaum), Friedrich Schoenfelder (Reverend Wilson).
P: CCC, Baverag. 100 Min., s/w, ab 12.
UA: 5.11.1959.
Abenteuerfilm um die schicksalhaften Verwicklungen an Bord einer Linienmaschine. Während des Fluges von Mexico-City nach Madrid steigt bei einer außerplanmäßigen Zwischenlandung auf einem umkämpften Eiland der dubiose Abenteurer Peter van Houten zu. Nur knapp dem Erschießungskommando entkommen, findet der unwillkommene Passagier im Flieger nicht weniger dramatische Verhältnisse vor: Kapitän Roberti und Ko-Pilot Marshall kämpfen mit allen

Mitteln um die Gunst der Stewardeß Carla; Geburt und Tod halten Einzug; bei einem Entführungsversuch wird Roberti niedergeschossen; und nach Ausfall der Hydraulik entpuppt sich der Ko-Pilot als feiger Versager. Allein der unbeliebte van Houten behält die Nerven und legt eine halsbrecherische Landung hin – bevor er zu neuen Gefahren weiterzieht.

L'aiguille rouge
(siehe: Verträumte Tage)

Die anderen Tage
(siehe: Verträumte Tage)

Angst im Nacken
(siehe: Abschied von den Wolken)

Anton der Letzte (D 1939)
R: E. W. Emo; B: Fritz Koselka; K: Karl Kurzmayer; M: Heinz Sandauer.
D: Hans Moser (Anton), O. W. FISCHER (Willy), Elfriede Datzig (Leni), Charlotte Ander (Baronesse Clarissa), Heinz Salfner (Graf Othmar), Hans Adalbert Schlettow (Lugauer), Gertrud Wolle, Lina Woywode, Erich Nikowitz, Mimi Stelzer.
P: Emo. 90 Min., s/w.
UA: 30.11.1939 Augsburg.
Komödie um einen schrulligen Kammerdiener, der als eifrigster Verfechter alter Adelstraditionen Schiffbruch erleidet. Auf Schloß Erlenburg bricht die gottgewollte Ordnung zusammen, ohne daß es der stockkonservative Diener Anton verhindern könnte. Gutspächter Lugauer leitet eigenmächtig den gräflichen Bach um, der alte Graf läßt sich mit einer geldgierigen Baronesse ein, und der modernistische junge Graf Willy gibt sich zu Antons Entsetzen einer Mesalliance mit Leni, der Tochter des Gutspächters, hin. Erst als diese auch noch ein uneheliches Kind zur Welt bringt, ändert Anton seine Einstellung und rettet das junge Glück.

Araña negra
(siehe: Das Geheimnis der schwarzen Witwe)

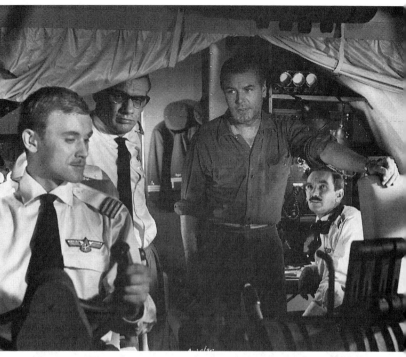

»Abschied von den Wolken« versammelt 1959 Horst Frank, Wolfgang Völz, O. W. Fischer und Jochen Blume im Cockpit.

Axel Munthe, der Arzt von San Michele (Donne senza Paradiso/Le livre de San Michele) (BRD/I/F 1962)
R: Rudolf Jugert, Giorgio Capitani; B: Hans Jacoby, H. G. Petersson b/a Axel Munthes Roman »Das Buch von San Michele«; K: Richard Angst; S: Jutta Hering; M: Mario Nascimbene, Hans-Martin Majewski.
D: O. W. FISCHER (Axel Munthe), Rosanna Schiaffino (Antonia), Valentina Cortese (Eleonora Duse), Ingeborg Schöner (Natascha), Sonja Ziemann (Prinzessin Clementine), Maria Mahor (Ebba), Heinz Erhardt (Brunoni), Renate Ewert (Patientin), Christiane Maybach (Paulette), Antoine Balpetre (Leblanc), Fernand Sardou (Petit-Pierre), Doris Palumbo (Giovannina), Max Wittmann (Pa-

Auf dem Höhepunkt der Cholera-Epidemie in Neapel 1883 bewahrt »Axel Munthe« (O. W. Fischer) die schöne Antonia (Rosanna Schiaffino) vor Bazillen und Banditen.

steur), Franziska Liebing (Philomene), Willy Krüger (Munthes Vater), Jürgen von Alten (Dr. Lindt), Hendrik Sick (Der junge Pierre), Anneliese Würtz (Die gütige Schwester), Lou Seitz (Die ältere Schwester), Ellen Heller (Wirtschafterin der Duse).

P: CCC, Divina, Cine Italia, Criterion. 134 Min., farbig, ab 12.
UA: 28.9.1962.
In Dichtung und Wahrheit schwelgende Biographie des Modearztes, Schriftstellers und Lebemannes Axel Munthe (1856−1949). Stets war seine vertrauenerweckende Ausstrahlung größer als seine medizinischen Kenntnisse. Und auf seinem Lebensweg von einem schwedischen Provinzstädtchen zum königlichen Schloß in Stockholm durchstreift Munthe die Welt der Armen und der Hocharistokratie, der Wissenschaft und der eitlen Prahlerei. Er liebt die vornehmen Damen der Pariser Gesellschaft und heilt die Cholerakranken der neapolitanischen Slums, betreibt wissenschaftliche Tierversuche und setzt sich an die Spitze der Tierschutzbewegung. Dabei entwickelt er sich vom zynischen Frauenhelden zum philosophierenden Poeten, der auf Capri seine Lebenserinnerungen festhält.

Il bacio del sole (Don Vesuvio und das Haus der Strolche/
Der Priester von Neapel) (I/BRD 1958)
R: Siro Marcellini; B: Renato Bassoli, Siro Marcellini; K: Aldo Giordani; M: A. F. Lavagnino.
D: O. W. FISCHER (Don Vesuvio), Ingrid Stenn (Teresa), Christian Wolff (Ciccillo), Michael Ande (Gennarino), Nino Taranto (Prof. Spada), Marisa Merlini (Carmela Spada), Giuseppe Porelli (Kommissar), Tina Pica (Don Vesuvios Mutter), Nino Manfredi (Pfleger), Martinetti Alberto (Totonno).
P: C. I. F. A., Prisma, FCC. 88 Min., s/w, ab 6.
UA: 7.11.1958.
Auf Tatsachen beruhende Milieustudie über die unkonventionelle Jugendarbeit eines Priesters in der Nachkriegszeit. Als Strandgut des Krieges sammeln sich in Neapels Slums Hunderte sich selbst überlassener Halbwüchsiger, die in Straßenbanden ihre neue Familie und durch Diebstähle und Betrügereien ihr Auskommen finden. Nur in der Maske eines Gesetzlosen kann sich der junge Don Vesuvio das Vertrauen dieser Halbstarken erschleichen. Nacht für Nacht teilt er ihr Leben, prügelt sich und stiehlt mit ihnen. Aber seine Schläge entspringen christlicher Nächstenliebe, und das Diebesgut hat er im voraus bezahlt. Als neuer Bandenführer offenbart er schließlich seine Mission und gibt den entwurzelten Jugendlichen im selbstverwalteten »Haus der Strolche« ein neues Heim.

Die beiden Schwestern (D 1943)
R: Erich Waschneck; B: Karl Peter Gillmann b/a Iwa Raffays Manuskript; K: Oskar Schnirach; M: Werner Eisbrenner.
D: Erich Ponto (Adolph von Menzel), O. W. FISCHER (Andreas Holk), Gisela Uhlen (Ulrike), Marina von Ditmar (Gabriele), Ida Wüst, Georg Alexander, Albert Florath, Trude Marlen, Elisabeth Flickenschildt, Hans Unterkircher, Ellen Bang, Franz Schafheitlin, Erwin Biegel, Roma Bahn, Gertrud de Lalsky, Ewald Wenck.
P: Berlin-Film. 94 Min., s/w, ab 16.
UA: 27.10.1943 Berlin.
Melodram um das Schicksal zweier verwaister Berlinerinnen im Jahre 1885. Während der Maler Adolph von Menzel als »kleine Exzellenz« wachsenden Ruhm genießt, kreuzen zwei Schwestern seinen Weg, deren Werdegang noch offen ist. Ulrike und Gabriele, die Töchter der verstorbenen Primaballerina Lamarina, müssen sich mangels Bühnenengagements mit Schneiderarbeiten durchschlagen. Da nimmt sich der Komponist Andreas Holk ihrer an und vermittelt sie an das Ballett des Hoftheaters. Beide Schwestern entbrennen in Liebe zu ihrem Beschützer. Nach anfänglichen Kämpfen entscheidet sich aber Gabriele für die Kunst und wiederholt die Karriere ihrer Mutter unter privaten Opfern, während Ulrike den Tanz aufgibt und ganz in ihrer Liebe zu Andreas aufgeht.

Bildnis einer Unbekannten (BRD 1954)
R: Helmut Käutner; B: Helmut Käutner, Hans Jacoby; K: Werner Krien; S: Anneliese Schoennenbeck; M: Franz Grothe.
D: O. W. FISCHER (Jan Maria Keller), Ruth Leuwerik (Nicole), Erich Schellow (Walter), Albrecht Schoenhals (Botschafter), Irene von Meyendorff (Frau des Botschafters), Nikolai Kolin (Sascha), Paul Hoffmann (Hernandez), Ulrich Beiger (Auktionator), Bum Krüger, Ingrid van Bergen.
P: Sirius. 100 Min., s/w, ab 16.
UA: 27.8.1954 Berlin.
Romanze von der bedingungslosen Liebe in einer Welt voller Zweifel. Nicole, die junge Frau des Botschaftsrates Walter, wird zum Opfer eines Skandals, als ein Aktbild des Pariser Malers Jan Maria Keller ihre Gesichtszüge trägt. Auch wenn der Maler den Kopf der ihm unbekannten Frau nur flüchtig im Theater skizziert und als

Kopfpartie des Aktbildes gewählt hat, kommt es zum Eklat. In der guten Gesellschaft war die ehemalige Barsängerin nie wohlgelitten, und selbst Walter zweifelt an ihrer Unschuld. Um seine Karriere nicht zu gefährden, bekennt sich Nicole schuldig und verläßt ihren Mann. Als Urheber dieser Tragödie bemüht sich Keller um die Versöhnung der Eheleute. Doch Nicole zieht inzwischen die kleinen Phantastereien des skurrilen Künstlers der mondänen Steifheit diplomatischer Kreise vor.

Bis wir uns wiedersehen (BRD 1952)
R: Gustav Ucicky; B: Johanna Sibelius, Eberhard Keindorff; K: Günther Anders, Hannes Staudinger; S: Elisabeth Neumann-Kleinert; M: Lothar Brühne, Paul Burkhard.
D: Maria Schell (Pamela), O. W. FISCHER (Paul Mayhöfer), Karl Ludwig Diehl (Prof. Stauffer), Kurt Meisel (Willy Wagner), Margarete Haagen (Frau Wagner), Ingrid Lutz (Tina), Josef Sieber (Kommissar), Grete Reinwald, Gunnar Möller, Werner Fuetterer, Eugen Dumont, Hugo Lindinger, Alexander Engel, Bruno Ziener.
P: Roxy. 85 Min., s/w, ab 16.
UA: 7.10.1952 Berlin.
Melodram um das kurze Glück einer aussichtslosen Liebe. Seit Kriegsbeginn 1939 entwurzelt, weilt der ehemalige Wehrmachtsoffizier Paul Mayhöfer in Bad Homburg, um dort eine Spielbank zu betreiben. Nur kurz währen dieser berufliche Erfolg und die zarte Liebe zur Tbc-kranken Pamela. Nach einem gemeinsamen Ausflug zum Comer See reist Pamela zu einer langwierigen Kur nach Davos, während Paul von der Vergangenheit eingeholt wird. Ein Kriegskamerad veranlaßt ihn zu betrügerischen Manipulationen am Roulettetisch. Jahre später begegnet sich das Liebespaar an der Schweizer Grenze erneut. Pamela ist unverändert krank. Paul wieder auf der Flucht. Ihre Leidenschaft füreinander ist ungebrochen. Sie beschließen, jenseits der Grenze in Zürich ein neues Leben zu teilen. Doch Paul wird auf der Flucht erschossen, während die todkranke Pamela auf den Krankenwagen wartet. Ihre Liebe soll nicht von dieser Welt sein.

Burgtheater (A 1936)
R: Willi Forst; B: Jochen Huth, Willi Forst; K: Ted Pahle; S: Hans Wolf; M: Peter Kreuder.
D: Werner Krauß (Friedrich Mitterer), Olga Tschechowa (Baronin Seebach), Hans Moser (Souffleur Sedlmayer), Hortense Raky (Leni Schindler), Willy Eichberger alias Carl Esmond (Josef Rainer), Carl Guenther (Baron Seebach), Karl Skraup (Schindler), Josefine Dora (Frau Schindler), Franz Herterich (Direktor des Burgtheaters), Camilla Gerzhofer (Frau von S.), Maria Holst (Fritzi), Erik Frey und O. W. FISCHER (Zwei Schauspieler des Burgtheaters).
P: Forst. 123 Min., s/w, ab 12.
UA: 13.11.1936 Berlin.
Prunkvoller Heldengesang auf die Bühnenwelt der Jahrhundertwende, wo wahres Künstlertum den Verzicht auf das Leben gebot. Allabendlich feiert der Burgschauspieler Mitterer einen rauschenden Triumph auf der Bühne des traditionsreichen Hauses und zieht sich anschließend sofort in seine Privatgemächer zurück. Weder die jubelnden Massen am Bühnenausgang noch die flehenden Adeligen in den Wiener Salons kriegen Mitterer, der sein Leben nur der Kunst geweiht hat, zu Gesicht. Eines Tages verliebt sich jedoch der alternde Hofschauspieler in die Tochter seines Schneiders, die sein Interesse aber nur erwidert, um Protektion für ihren schauspielernden Freund zu erlangen. Mit gebrochenem Herzen besinnt sich Mitterer wieder seiner Berufung.

La capanna dello zio tom
(siehe: Onkel Toms Hütte)

La case de l'oncle Tom
(siehe: Onkel Toms Hütte)

Cica Tomina Kolibra
(siehe: Onkel Toms Hütte)

Cuba Cabana (Und wenn's auch Sünde wär) (BRD 1952)
R: Fritz Peter Buch; B: Fritz Peter Buch b/a Tibor Yosts Novelle; K: Richard Angst; M: Heino Gaze; L: Bruno Balz.

Auf der Flucht vor der Polizei rettet sich Robby (O. W.), der rasende Reporter, in den Nachtclub »Cuba Cubana«.

D: Zarah Leander (Arabella), Paul Hartmann (Gouverneur), O. W. FISCHER (Robert Thomson), Hans Richter (Billy), Eduard Linkers (Honneg), Karl Meixner.
P: Rhombus. 90 Min., s/w, ab 16.
UA: 19.12.1952 Düsseldorf.
Gerontophiles Melodram um eine Romanze in exotischer Szenerie. Robby und Billy, zwei rasende Reporter, hoffen, im unruhigen Puerto Antonio auf ihre Kosten zu kommen. Doch bei einer blutigen Auseinandersetzung in der lateinamerikanischen Hafenstadt will man keine Zeugen haben. Während Billy der Polizei in die Hände fällt, kann Robby – wenngleich verwundet – entkommen. Im Nachtclub Cuba Cabana findet er bei der Sängerin Arabella Unterschlupf. Sie liebt ihn und will ihm außer Landes folgen, aber Robby denkt nicht daran, seinen Freund im Stich zu lassen. So entschließt sich

Arabella, beim Gouverneur für Billy um Gnade zu bitten. Der Gouverneur, ihr glühendster Verehrer, wird Billy und Robert ziehen lassen – wenn Arabella in Puerto Antonio bleibt.

Das gab's nur einmal (BRD 1957/58)
R: Géza von Bolváry; B: Gustav Kampendonk.
Kommentator: Hans Albers.
P: Kurt Ulrich. 105 Min., s/w, ab 12.
UA: 7.3.1958.
Kompilationsfilm mit einem Reigen eskapistischer Szenen alter Ufa-Filme.

Diesmal muß es Kaviar sein (Top secret – C'est pas toujours du caviar) (BRD/F 1961)
R: Géza von Radványi; B: Henri Jeanson, Paul Andreota, Jean Ferry b/a Johannes Mario Simmels Roman »Es muß nicht immer Kaviar sein«; K: Friedl Behn-Grund; S: Walter Wischniewsky; M: Rolf Wilhelm.
D: O. W. FISCHER (Thomas Lieven), Senta Berger (Françoise), Viktor de Kowa (Loos), Geneviève Cluny (Mimi), Jean Richard (Simeon), Eva Bartok (Vera), Werner Peters (Zumbusch), Geneviève Kervine (Nancy), Fritz Tillmann (General von Felseneck), Peter Carsten (Bastian), Karl Schönböck (Lovejoy), Wolfgang Reichmann (Hofbauer), Karl John (Debras), Hans W. Hamacher (Kommissar Denis), Günter Meisner (Redner Meetingsaal).
P: CCC, C. E. C. 98 Min., s/w, ab 16.
UA: 1.12.1961.
Fortsetzung von *Es muß nicht immer Kaviar sein* mit neuen Abenteuern des charmant-naiven Meisterspions Thomas Lieven. Aus Begeisterung für dessen unorthodoxe Methoden zwingen sämtliche Geheimdienste und Untergrundorganisationen den unfreiwilligen Agenten zu neuen Bravourstücken, um mit Lievens Hilfe den Zweiten Weltkrieg für sich zu entscheiden. Ob in der britischen Rekrutenschule in Gibraltar, auf Lissabons Boulevard oder im Pariser Gestapogefängnis, Lieven macht überall eine gute Figur und läßt dabei auch nichts anbrennen: weder bei Frauen noch auf dem Herd.

Rechts: O. W. Fischer in »Diesmal muß es Kaviar sein«.

Donne senza Paradiso
(siehe: Axel Munthe, der Arzt von San Michele)

Don Vesuvio und das Haus der Strolche
(siehe: Il bacio del sole)

Du darfst mich nicht verlassen
(siehe: Verlorenes Rennen)

El Hakim (BRD 1957)
R: Rolf Thiele; B: Herbert Reinecker b/a John Knittels Roman; K: Klaus von Rautenfeld; S: Lisbeth Neumann; M: Hans-Martin Majewski.
D: O. W. FISCHER (Ibrahim), Michael Ande (Ibrahim als Kind),

Nadja Tiller (Aziza), Robert Graf (Abubakr), Ulrich Beiger (Prinz Ali), Charles Regnier (Dr. Kolali), Elisabeth Müller (Lady Avon), Gregor von Rezzori (Lord Avon), Giulia Rubini (Gräfin Heleni), Raoul Retzer (Basch Tamargy), Jochen Blume (Ibrahims Vater), Tilla Durrieux (Mutter Hussni), Kurt Hepperlein (Dr. Lister), Harald Mannl (Michaelides), Soliman Gendy Soliman (Omar), Ilse Künkele (Miß Howard), Jochen Blume (Dr. Ahmad), Ulrich Beiger (Hussni), Margarete Andersen (Mrs. Cole).
P: Roxy. 110 Min., farbig, ab 12.
UA: 16.12.1957.
Lebensgeschichte des aus armseligen Verhältnissen stammenden Ägypters Ibrahim, der nur ein Ziel kennt: ein Hakim zu werden, ein Arzt. Beharrlich erkämpft er sich den Weg zur medizinischen Fakultät, praktiziert in einem Krankenhaus und widmet sich so sehr dem Kampf gegen Armut und Elend, daß er darob die geliebte Aziza vernachlässigt. Intrigen treiben ihn weiter, bis er am Ufer des Nils der kranken Lady Avon begegnet und sie heilt. Ihr verdankt Ibrahim seinen sprunghaften Aufstieg in der Londoner High-Society, wo ihn – keine vierzig Jahre alt – der Hauch des Todes streift. An Lungenkrebs erkrankt, führt ihn der Zufall noch einmal mit Aziza zusammen, bevor er in seine Heimat zurückkehrt. Doch sie folgt ihm und teilt seine letzten Stunden, in denen Ibrahim verfügt, daß sein ganzes in Europa erworbenes Vermögen für die Erziehung der ägyptischen Jugend verwendet wird.

Erzherzog Johanns große Liebe (A 1950)
R: Hans Schott-Schöbinger; B: Josef Friedrich Perkonig, Franz Gribitz b/a Hans Gustl Kernmayrs Roman; K: Günther Anders; M: Willy Schmidt-Gentner.
D: O. W. FISCHER (Erzherzog Johann), Marte Harell (Anna Plochl), Albin Skoda (Metternich), Franz Herterich (Kaiser Franz), Franz Pfaudler, Josef Meinrad, Oskar Sima.
P: Patria. 97 Min., s/w, ab 12.
UA: 3.12.1950.
Folkloristisch geprägte Biographie des österreichischen Kaisersohnes, der zeit seines Lebens gegen krumme Rücken und glatte Worte kämpfte. Dienen, Gehorchen, Schweigen: der unerschütterliche Dreisatz der Monarchie gilt auch für Edelmänner, weshalb Erzher-

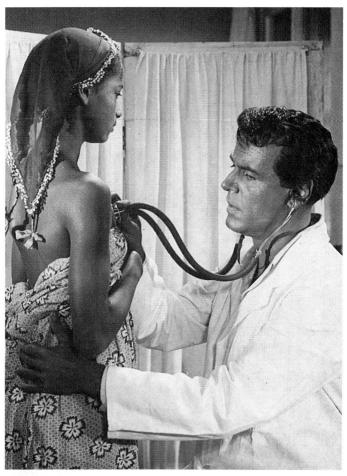

Als Helfer seiner kranken und armen Landsleute versucht »El Hakim« ein Stück Erlösung in die Welt zu tragen.

zog Johann jede Gelegenheit nutzt, der Wiener Etikette und den Hofschranzen zu entkommen und sich inkognito unter das Volk zu mischen. Bei einem dieser Ausflüge entflammt seine Liebe zur Postmeisterstochter Anna Plochl, die er allen Widerständen zum Trotz heiratet. Dem Zerwürfnis mit der kaiserlichen Familie folgt die Verbannung des als Volkstribun und Rebell agitierenden Erzherzogs. Doch ob in Tirol oder in der Steiermark, hart arbeitend setzt sich Johann mit seiner bürgerlichen Frau gegen die Unbill der Krone durch.

Angesichts der zahllosen Verkleidungen sorgt O. W. Fischer in gleich zwei Folgen mit dem Kaviar liebenden Spion Thomas Lieven für ausgefüllte Kinounterhaltung.

Es muß nicht immer Kaviar sein (Pourquoi toujours du caviar) (BRD/F 1961)
R: Géza von Radványi; B: Henri Jeanson, Paul Andreota, Jean Ferry b/a Johannes Mario Simmels Roman; K: Friedl Behn-Grund; M: Rolf Wilhelm.
D: O. W. FISCHER (Thomas Lieven), Senta Berger (Françoise), Viktor de Kowa (Loos), Geneviève Cluny (Mimi), Jean Richard (Simcon), Eva Bartok (Vera), Werner Peters (Zumbusch), Geneviève Kervine (Nancy), Fritz Tillmann (General von Felseneck), Wolfgang Reichmann (Hofbauer), Karl John (Debras), Hans W. Hamacher (Kommissar Denis), Günter Meisner (Redner Meetingsaal).
P: CCC, C. E. C. 106 Min., s/w, ab 16.
UA: 18.10.1961.
Parodistisches Agentenspiel um die tolldreisten Abenteuer eines Doppel- und Dreifachspions wider Willen. Ausgerechnet nach Berlin muß der gutgläubige Londoner Thomas Lieven 1939 reisen, um für seinen Chef ein Bankgeschäft zu erledigen. Als Geschäftspartner offenbart sich Canaris' Abwehrzentrale, die Lievens Naivität für raffinierte Taktik hält und den vielversprechenden Mann dienstverpflichtet. Bevor Lieven überhaupt zum Nachdenken kommt, haben ihn dann auch noch die Gestapo, der Secret Service und das Pariser Deuxième Bureau wieder und wieder umgedreht. In Gestalt der attraktiven Françoise greift sogar die Unterwelt nach ihm. Doch diesen Griff läßt sich Lieven gern gefallen, der in Liebes- und Kochkünsten weit weniger ahnungslos ist als im Agentenhandwerk.

Fräulein Figaro (D 1939)
R: Philipp von Zeska, D: O. W. Fischer.
Kurzspielfilm.

Frühstück im Doppelbett (BRD 1963)
R: Axel von Ambesser; B: Ladislas Fodor b/a Siegfried Fischer-Fabians Idee; K: Richard Angst; S: Walter Wischniewsky; M: Friedrich Schröder.
D: O. W. FISCHER (Henry Clausen), Liselotte Pulver (Liane Clausen), Lex Barker (Victor H. Armstrong), Edith Hancke (Frau Müller), Ann Smyrner (Claudia Westorp), Ruth Stephan (Cilly), Loni Heuser (Melanie), Ralf Wolter.

Allen Verwicklungen zum Trotz finden Henry (O. W.) und Liane Clausen (Liselotte Pulver) sich wieder zum »Frühstück im Doppelbett« ein.

P: CCC. 97 Min., s/w, ab 18.
UA: 26.4.1963.
Gemütliche Eheposse um ein nicht mehr so glücklich verheiratetes Paar, das auf den Geschmack von durchtrainierten Muskeln und erotischer Literatur kommt. Wenn Pressemogul Henry Clausen nicht gerade mit einer seiner drei Zeitungen von morgens bis abends beschäftigt ist, schaut er bei Nikita Chruschtschow vorbei, um über Pantoffeln zu fachsimpeln. Kein Wunder, daß sich Clausens Angetraute, Liane, vernachlässigt fühlt und an Victors starker Brust Trost sucht. Zurück aus Moskau ertappt der Verleger seine Frau mit dem Tarzan-Verschnitt und pariert geschickt: Mit der Schriftstellerin Claudia gönnt er sich im Bett und im Verlagsprogramm eine glühende Vorkämpferin der sexuellen Revolution. Die Clausens rei-

chen die Scheidung ein. Doch bevor das Urteil rechtskräftig wird, finden Heimchen und Pantoffelheld wieder zusammen, und der Yogalehrer beglückt die Bestseller-Autorin.

Fünf Mädchen und ein Mann
(siehe: A Tale of Five Cities)

5 Städte – 5 Mädchen
(siehe: A Tale of Five Cities)

Geh ins Bett, nicht in den Krieg
(siehe: Non faccio la guerra, faccio l'amore)

Als Fuchsberger-Klon weiß sich O. W. Fischer in »Das Geheimnis der schwarzen Witwe« vom bewährten Filmbösewicht Klaus Kinski verfolgt.

Das Geheimnis der schwarzen Witwe (Araña negra)
(BRD/E 1963)
R: Franz J. Gottlieb; B: Rolf und Alexandra Becker, Franz J. Gottlieb b/a Louis Weinert-Wiltons Roman »Die Königin der Nacht«; K: Gottfried Pacheco; M: Martin Böttcher, Anton P. Olea.
D: O. W. FISCHER (Wellby), Karin Dor (Clarisse), Werner Peters (Mr. Osborne), Doris Kirchner (Mrs. Osborne), Eddie Arendt (Fish), Klaus Kinski (Boyd), Claude Farell (Mrs. Dyke), Georges Rigaud (Inspektor Terry), Gabriel Lopart (Sellwood), Thomas Blank (Bryan), Josef Kafarell (Cartwright), Fernando Sancho (Slim).
P: International Germania, Procusa. 100 Min., s/w, ab 12.
UA: 28.11.1963.
Kolportagekrimi um einen gewitzten Journalisten, der das grausige Geheimnis einer Mordserie enthüllt. Während Scotland Yard im dunkeln tappt, findet Chefreporter Wellby mit Hilfe des verschrobenen Archivars Fish die Verbindung zwischen den ermordeten Männern. Die Giftgeschosse in Spinnenform gelten den Teilnehmern einer Forschungsreise, die zwölf Jahre zuvor einen Aztekenschatz fanden und reich heimkehrten. Der wissenschaftliche Expeditionsleiter blieb tot zurück. Unter den Schatzsuchern war auch Wellbys Chef Osborne, der alle weiteren Recherchen untersagt. Im nächtlichen London bleibt Wellby der schwarzen Witwe unverdrossen auf der Spur. Als er entdeckt, daß der in Mexiko ermordete Wissenschaftler eine Tochter namens Clarisse hinterließ, eskaliert die Handlung.

Geschiedenes Fräulein
(siehe: Ich hab mich so an dich gewöhnt)

Glück unterwegs (D 1944)
R: Friedrich Zittau; B: Ludwig Carlsen b/a Erich Walter Schäfers Drama »Die Reise nach Paris«; K: Karl Degl; M: Eduard Künneke.
D: Dora Komar, Maria von Buchlow, O. W. FISCHER, Paul Kemp, Gustav Waldau, Hilde von Stolz, Ernst Waldow, Max Gülstorff, Ernst Legal, Kurt Hoffmann-Leydorff, Oscar Sabo.
P: Prag-Film. 88 Min., s/w, ab 14.
UA: 4.4.1944 Bielefeld.
Musikalische Komödie aus dem Künstlermilieu der Biedermeier-

zeit. Angesichts des bevorstehenden Bankrotts schickt eine Provinzbühne den Kapellmeister und den Dramaturgen nach Wien, um ein kassensicheres Erfolgsstück aufzutreiben. Unterwegs werden die beiden irrtümlich verhaftet, komponieren im Gefängnis eine neue Oper und geben diese daheim als den gewünschten Kassenerfolg aus. Mit Hilfe eines Geldgebers und dessen singender Tochter wird das Werk zum rettenden Durchbruch.

Grand Hotel
(siehe: Menschen im Hotel)

Hanussen (BRD 1955)
R: O. W. Fischer, Georg Marischka; B: Gerhard Menzel, Curt Riess; K: Helmut Ashley; M: Hans-Martin Majewski.

Dreiunddreißig Jahre vor Klaus Maria Brandauer skizziert O. W. Fischer bereits »Hanussen« als Visionär seiner Zeit.

D: O. W. FISCHER (Hanussen), Liselotte Pulver (Hilde Graff), Erni Mangold (Priscilla Pietzak), Klaus Kinski, Maria Dominique, Reinhard Kolldehoff, Hermann Speelmans, Franz Muxeneder, Annie Markart.
P: Royal. 95 Min., s/w, ab 16.
UA: 14.9.1955.
Polit-Thriller um die Verstrickung des einzelnen in die Gesellschaft und Geschichte seiner Zeit. Berlin vor der Machtergreifung. Während auf der politischen Bühne die Nationalsozialisten die Massen in ihren Bann ziehen, fesselt der Hellseher Hanussen die Besucher der Varietés mit seinen kunstfertigen Visionen. Er wird vor Gericht vom Vorwurf des Betrugs freigesprochen, hält seine Anhänger fest im Griff und genießt das Ansehen der guten wie der faschistischen Gesellschaft. Mit zunehmendem Einfluß steigt auch seine Verantwortung. Er verschuldet den Tod seiner Partnerin – und er sieht einen Alp heraufziehen, das tausendjährige Flammenreich, das ihm die Entscheidung zwischen Opportunismus und seiner Sehermission abverlangt. Als Hanussen den Reichstagsbrand und den Krieg voraussagt, nehmen sich die Nazis seiner an. Im Grunewald wird er liquidiert aufgefunden.

Heidelberger Romanze (Zwei Herzen in Alt-Heidelberg) (BRD 1951)
R: Paul Verhoeven; B: Willy Clever, Karl Peter Gillmann; K: Konstantin Tschet; M: Werner R. Heymann.
D: O. W. FISCHER (Hans Joachim), Liselotte Pulver (Susanne Edwards), Gardy Granass (Das junge Fannerl), Gunnar Möller (Der junge William), Hans Leibelt (William Edwards), Margaret Haagen (Tante Amalie Brückner), Hans Reiser (Erwin Turner), Ruth Niehaus (Gabriele Altendorf), Melanie Horeschowsky (Fannerl Brückner), Joachim Brennecke (Thomas Altendorf), Paul Verhoeven (Detektiv Schulze).
P: Meteor. 97 Min., Agfacolor, ab 12.
UA: 23.12.1951.
Verwechslungskomödie im restaurativen Ambiente deutscher Studentenherrlichkeit. Auf Sightseeing-Tour in Heidelberg verliebt sich der amerikanische Student Erwin Hals über Kopf in die Deutsche Gabriele und gibt seiner Verlobten Susanne telegrafisch den Lauf-

George Bernard Shaws beißende Antikriegs-Satire »Helden« vereinigt O. W. Fischer und Lieselotte Pulver im friedliche Boudoir.

paß. Das verwöhnte Industriellentöchterchen verzichtet aber nicht so schnell und eilt – Daddy Edwards im Schlepptau – nach good old Germany. Während Erwin turtelt und Daddy sich einer Heidelberger Liebe vergangener Tage entsinnt, trifft Susanne auf den Medizinstudenten Hans Joachim. Aufgrund mehrfacher Mißverständnisse hält er die millionenreiche Susanne für eine Kleptomanin, die der psychologisch Versierte natürlich vor dem Gefängnis bewahren will. Und da Susanne an dem schmucken Kerl Gefallen findet, erhält sie den Irrtum aufrecht und gönnt sich eine Intensivbehandlung.

Helden (BRD 1958)

R: Franz Peter Wirth; B: Johanna Sibelius, Eberhard Keindorff b/a George Bernard Shaws Drama »Arms and the Man«; K: Klaus von Rautenfeld; S: Claus von Boro; M: Franz Grothe.
D: O. W. FISCHER (Bluntschli), Jan Hendricks (Sergius), Liselotte Pulver (Raina), Kurt Kasznar (Patkoff), Ljuba Welitsch (Katharina), Ellen Schwiers (Louka), Manfred Inger (Nicola).
P: Sokal, Goldbaum, Bavaria. 100 Min., Agfacolor, ab 6.
UA: 20.11.1958.
Pointierte Persiflage auf Militarismus, Heldenkult und Ehrenpflichten. In einem Husarenritt stürmt Major Sergius 1885 mit seinen Bulgaren eine Kanonenstellung der Serben und schlägt sie in die Flucht. Daß die kriegsentscheidende Attacke nur gelang, weil der gegnerischen Kanone Munition fehlte, schmälert nicht den Stolz unseres Helden. Währenddessen stapft der im serbischen Dienst stehende Schweizer Hauptmann Bluntschli um sein Leben. Seine fliehenden Mitstreiter ließen ihm kein Pferd, und so rettet er sich nachts in das Zimmer der Gutstochter Raina. Ihr Verlobter, der heldenhafte Sergius, hätte sich eher erschießen lassen als eine Dame zu behelligen. Aber der müde und hungrige Flüchtling in seiner zerrissenen Uniform gewinnt Rainas Sympathie und lehrt sie die genießens- und liebenswerten Dinge des Lebens.

Herrscher ohne Krone (BRD 1956)

R: Harald Braun; B: Odo Krohmann, Gerhard Menzel b/a Robert Neumanns Roman »Der Favorit der Königin«; K: Göran Strindberg; S: Hilva von Boro; M: Werner Eisbrenner.
D: O. W. FISCHER (Friedrich Struensee), Odile Versois (Königin Mathilde), Horst Buchholz (König Christian), Günther Hadank (Staatsminister Graf Bernstorff), Fritz Tillmann (General Graf Rantzau), Elisabeth Flickenschildt (Königinmutter Juliane), Siegfried Lowitz (Kammerherr Guldberg), Ingeborg Schöner (Gertrud von Eyben), Wilfried-Jan Heyn (Baron Enevied Brandt), Helmut Lohner (Kammerherr Graf Holck), Gerhard Ritter (Hofarzt Dr. Berger), Peter Esser (Hofprediger Münter), Horst Gnekow (General Reventlau).
P: Bavaria. 106 Min., Agfacolor, ab 16.
UA: 1956.

Farbenprächtiges Melodram um die Gefahren absoluter Macht. Der deutsche Gehirnspezialist und Freidenker Dr. Friedrich Struensee wird 1766 an den dänischen Hof berufen, um sein Gutachten über den Geisteszustand des jungen Königs Christian abzugeben. Entgegen aller Hoffnungen der Königinstiefmutter Juliane erklärt Struensee den König für gesund. Auf undogmatische Weise befreit er Christian von allen Wahnvorstellungen und nimmt damit Königin Mathilde die Angst vor ihrem Mann. Weniger aus Staatsräson denn aus einem zarten Empfinden für Struensee heraus, kehrt sie an den Hof zurück. Mit ihrer Hilfe wird er des Königs Freund, Staatsminister, Kanzler und schafft die Folter ab, mindert die drückenden Steuern, enteignet brachliegenden Großgrundbesitz zugunsten der armen Bauern. Als Struensee seine Königin zu lieben beginnt, schlägt für den übervorteilten Hofstaat die Stunde der Vergeltung. Noch ein letztes Mal kann Struensee Größe zeigen, um Mathilde zu retten, bevor ihn das Schafott erwartet.

Ein Herz spielt falsch (BRD 1953)
R: Rudolf Jugert; B: Erna Fentsch b/a Hans Ulrich Horsters (alias Eduard Rhein) Illustriertenroman; K: Helmuth Ashley; S: Claus von Boro; M: Werner Eisbrenner.
D: O. W. FISCHER (Peter van Booven), Ruth Leuwerik (Sybilla Zander), Carl Wery (Prof. Linz), Gertrud Kückelmann (Gerda Peters), Günther Lüders (Kersten), Rolf von Nauckhoff (Direktor Hersbach), Otto Arneth (Hersbachs Bruder), Hermann Speelmans (Matz), Rudolf Vogel (Charles), Hedwig Wangel (Mummie), Rainer Penkert (Dr. Neumeister), Greta Keller (Chansonsängerin), Lina Carstens (Mutter Pratsch).
P: Georg Witt. 110 Min., s/w, ab 16.
UA: 23.6.1953 Berlin.
Behutsam inszeniertes Melodram um einen Mitgiftjäger, der zur Besinnung kommt. Durch Zufall erfährt Peter van Booven, daß seine ehemalige Schulkameradin Sybilla im tödlich endenden Krebsstadium ist. Zwar hat er das schüchterne, unattraktive Mädchen noch nie leiden können, aber als schwerreiche Erbin wäre sie eine gute Partie. Und Peter braucht dringend Geld. Von der Schulbank direkt an die Front versetzt, stand er nach Kriegsende mit leeren Händen da. Alles verloren und nichts gelernt. Nach ein paar Schwarzmarkt-

geschäften und vielen Schwierigkeiten wäre diese Ehe aus Berechnung der goldene Schnitt. Mit Erfolg wirbt er um Sybilla, heiratet sie und fiebert ihrem Tod entgegen. In den ihr verbleibenden Monaten blüht Sybilla noch ein letztes Mal auf, und Peter beginnt sie zu bemitleiden, sogar zu lieben. In ihr eröffnen sich ihm Vertrauen und Zuneigung, die selbst sein Geständnis nicht zu mindern vermag. Verzweifelt verschleudert er das erschlichene Vermögen, um Sybilla zu retten. Vergebens.

Hin und Her (Der Wind hat meine Existenz verweht) (A 1948)
R: Theo Lingen; B: Franz Gribitz, Theo Lingen b/a Ödön von Horváths Posse; K: Karl Kurzmayer; S: Arnfried Heyne, Leontine Klika; M: Frank Fox.
D: Theo Lingen (Peter Vogel), Fritz Eckhardt (Präsident von Bagatello), O. W. Fischer (René), Dagny Servaes (Königin von Lappalien), Harry Halm (Finanzminister von Lappalien), Curd Jürgens (Prinz Bernardo), Ursula Lingen (Prinzessin Marina und Lilly Dore), Karl W. Fernbach (Staatssekretär von Lappalien), Harry Fuß (Marcel), Fritz Schmiedel (Sektionschef von Bagatello), Fritz Widhalm-Windegg (Hofrat von Aktenberg), Hermann Erhardt (Grenzinspektor von Bagatello), Anton Gaugl (Grenzkommandant von Lappalien), Max Höller (Polizeibeamter von Bagatello), Teddy Kern (1. Polizist aus Bagatello), Fritz Heller (Monokel-Emil), Hugo Gottschlich (Gummi-Gustav), Walter Ladengast (Kanal-Otto), Biby Ptak (Candy), Harry Rameau-Pulvermacher (Beppo), Johannes Roth (1. Herr in Schwarz), Fritz Falkner (2. Herr in Schwarz).
P: Hübler-Kahla. 85 Min., s/w, ab 12.
UA: 23.1.1948 Linz.
Satire auf die bizarren Auswüchse der Bürokratie. Anläßlich des vierzehntägigen Regierungswechsels im Phantasie-Staat Bagatello wird Peter Vogel, ein ausländischer, politisch verdächtiger Fotograf, ausgewiesen. Aber aufgrund einer neuen Verordnung hat ihn auch sein Vaterland Lappalien verstoßen, weshalb der nunmehr Staatenlose auf der Grenzbrücke zwischen beiden Staaten festgehalten wird. Als neue Heimat zimmert er sich ein Häuschen im Niemandsland, von wo aus er die merkwürdigsten Abenteuer erlebt. So nimmt er an der verbotenen Romanze zwischen Marina, der Prinzessin von Lappalien, und René, dem Sohn des Präsidenten von Bagatello,

Inge Egger und O. W. Fischer als Liebespaar in »Ich hab mich so an dich gewöhnt«.

teil, bevor ihm selber das Liebesglück in Gestalt der Artistin Lilly begegnet. Nach einer größeren Erbschaft wollen ihn beide Regimes als willkommenen Steuerzahler wieder einreisen lassen. Doch auf der Brücke ist dem Fotografen zuviel widerfahren. Er sucht sich lieber mit seiner Braut eine neue Heimat.

Ich hab mich so an dich gewöhnt (A 1952)
R: Eduard von Borsody; B: Aldo von Pinelli, Eduard von Borsody b/a Margot Danigers Roman »Winterkühle Hochzeitsreise«; K:

Günther Anders; M: Wolfgang Ruß-Bovelino. L: Ludwig Schmidseder, Fritz Rotter, Heino Gaze.
D: Inge Egger (Christa Dahn, Annelie Dahn), O. W. FISCHER, Robert Lindner, Anni Rosar, Rudolf Carl, Nadja Tiller, Hermann Thimig, Egon von Jordan, Adrienne Gessner, Ludwig Schmidseder, K. Ehmann.
P: Donau. 97 Min., s/w, ab 12.
UA: 25.9.1952.
Komödie um das Doppelspiel ungleicher Zwillinge. Sosehr sie sich auch äußerlich ähneln, sind Christa und Annelie von klein auf in ihren Gefühlen konträr. Die zielstrebige Annelie läßt schon früh das vertraute Hamburg hinter sich, um in Lugano Arbeit und Leben des hypersensiblen Komponisten Claus Werden zu organisieren. Eines Tages ereilt sie der Hilferuf ihrer unselbständigen Schwester. Tante Helene hat Christa mit dem Karrierejuristen Heider verkuppelt. Und obwohl beide einander nicht lieben, fügen sie sich. Kurz entschlossen trifft Annelie in Hamburg ein, um Christas Platz einzunehmen und Heider auf der Hochzeitsreise die Ehe zu verleiden. Christa dagegen stellt sich in Lugano als Urlaubsvertretung vor. Mehr als begeistert entdeckt Werden in der einfühlsamen Christa die Partnerin fürs Leben, während die widerspenstige Annelie Heider zu schätzen lernt. Nach Scheidung der nie vollzogenen Ehe wird durch eine Doppelhochzeit doch noch alles gut.

Ich suche dich (BRD 1953/55)
R: O. W. FISCHER; B: O. W. FISCHER, Gerhard Menzel, Martin Morlock, Claus Hardt b/a Archibald Joseph Cronins Drama »Jupiter lacht«; K: Richard Angst; M: Hans-Martin Majewski.
D: O. W. FISCHER (Dr. Paul Venner), Anouk Aimée (Françoise Maurer), Nadja Tiller (Gaby Brugg), Otto Brüggemann (Dr. Brugg), Paul Bildt (Dr. Drews), Hilde Wagener, Anton Tiller, Peter Timm.
P: O. W. FISCHER. 95 Min., s/w, ab 12.
UA: 24.2.1956.
Arztmelodram um die schwere Liebe zwischen einem Mann, der an seine Wissenschaft, und einer Frau, die an ihren Gott glaubt. Fieberhaft arbeitet Dr. Venner an der Entwicklung eines Serums und isoliert sich dabei zusehends. Angebote der Pharmaindustrie weist er

zurück. Die Kollegen vergrault er mit Zynismen, die nur vor zuviel Nähe schützen sollen. Und seiner Affäre mit Gaby, der attraktiven Professorengattin, wird er immer überdrüssiger. Da trifft die Elsässerin Françoise Maurer im Sanatorium ein. Die junge Ärztin will sich das Reisegeld verdienen, um die Missionsarbeit ihres Vaters in Indochina fortzusetzen. Trotz ihrer kraß verschiedenen Ansichten verlieben sich die beiden leidenschaftlich ineinander. Doch neidische Kollegen, die eifersüchtige Gaby und ein für einen Patienten tödliches Experiment stören die Idylle. Als Venners Labor explodiert, stirbt Françoise bei dem Versuch, seine Aufzeichnungen zu retten. Venner setzt ihre Mission fort und bricht in den Fernen Osten auf.

L'inconnu de cinq cités
(siehe: A Tale of Five Cities)

Komm süßer Tod
(siehe: Liebesvögel)

Das Leben beginnt morgen
(siehe unter Fernsehspiele: Das weite Land)

Das letzte Rezept (BRD 1951)
R: Rolf Hansen; B: Hans-Joachim Beyer, Tibor Yost, Juliane Kay b/a Thomas B. Fosters Drama; K: Franz Weihmayr; M: Mark Lothar.
D: Heidemarie Hatheyer (Anna Falkner), O. W. FISCHER (Hanns Falkner), Sybil Werden (Bozena Boroszi), René Deltgen, Carl Wery, Hilde Körber, Harald Paulsen.
P: Meteor, Fama. 95 Min., s/w, ab 16.
UA: 14.3.1952.
Melodram um den Gewissenskonflikt eines Apothekers, der aus Leichtsinn gegen Standesregeln und Gesetz verstoßen hat. Um der drogenabhängigen Tänzerin Bozena Boroszi gefällig zu sein, versorgt der Salzburger Apotheker Falkner sie mit Morphium und gefährdet damit Existenz und Ehe. Denn die erpresserische Schönheit will nicht mehr von ihm ablassen. Falkner droht die Angelegenheit aus den Händen zu gleiten, als ihm seine verständnisvolle Frau Anna zu Hilfe kommt und ihn aus seinen Schwierigkeiten rettet.

Weit weniger harmlos als der Durst dieser Schnapsdrossel (Carl Wery) sind die Wünsche einer Drogenabhängigen an den Apotheker (O. W. Fischer) in »Das letzte Rezept«.

Leuchtende Schatten (D 1944/45, unvollendet)
R: Géza von Cziffra; B: Géza von Cziffra; K: Jan Roth; S: Walter Fredersdorf, Zdenek C. Hasler; M: Anton Profes.
D: Rudolf Prack (Robert), Carola Höhn (Anita), Herta Mayen (Mara), Oskar Sima (Heinz Batovsky), Paul Kemp (Sperling), Rudolf Schindler (Toni), O. W. FISCHER (Hans Werner), Carl Kuhlmann (Karl Batovsky), Hans Olden (Bummelmann), Harald Paulsen, Rudolf Carl, Anni Rosar, Gerhard Bienert, Josef Sieber, Wilfried Seyferth, Alfred Neugebauer, Ewald Wenck, Inge Egger, Ludwig Linkmann, Oskar Höcker, Reinhold Schündler, Margit Aust, Helga Marold, Gisela Deege, Elfi Gerhardt.
P: Prag-Film, s/w.
Kriminalistisches Ausstattungsspektakel um einen Mord im Artistenmilieu. Während einer Vorstellung überrascht Heinz Batovsky,

der Besitzer des Varietés Alhambra, einen Dieb in seinem Büro und muß dafür mit seinem Leben bezahlen. Der junge Kriminalbeamte Hans Werner stößt bei seinen Ermittlungen auf viele seltsame Typen, aus deren Reihen der Mörder stammen könnte. Grund genug hätten sie alle gehabt, den verhaßten Mann zu töten: Sein Bruder Karl etwa war mit Batovsky offen verfeindet; der alte Hofschauspieler Seydelmann hatte ihm erregt gedroht; und der Tänzer Robert war in eine rüde Eifersüchtelei um Batovskys Braut Mara verwickelt. Hans Werner überführt aber einen völlig Unverdächtigen des Raubmordes: Toni vom Schlagzeug hat mit einem Griff in die Kasse das Schicksal herausgefordert.

Eine Liebesgeschichte (BRD 1953)
R: Rudolf Jugert; B: Axel Eggebrecht, Carl Zuckmayer b/a Zuckmayers Novelle; K: Hans Schneeberger; M: Werner Eisbrenner.
D: Hildegard Knef (Lili Schallweiss), O. W. FISCHER (Jost von Fredersdorff), Viktor de Kowa (Manfred von Prittwitz), Karl Ludwig Diehl (Oberst Kessler), Reinhold Schünzel (Schlumberger), Claus Biederstaedt (von Gagern), Maria Paudler (Henriette Kessler), Helga Siemers (Marta Kessler), Alf Pankarter (Leutnant von Mürwitz), Mathias Wieman.
P: Intercontinental. 97 Min., s/w, ab 16.
UA: 25.2.1954 Hannover.
Historischer Film um einen Rittmeister im Zwiespalt preußisch-soldatischer Tugenden und dem Aufruhr seiner Gefühle. Mitte des 18. Jahrhunderts: Berauscht von der Friedenszeit nach dem Siebenjährigen Krieg finden auf einem Silvesterball Rittmeister Jost von Fredersdorff und die Schauspielerin Lili zueinander. Ihre Liebe entflammt, und bei jeder Gelegenheit eilt Jost von der Garnison zu seiner Angebeteten. Seine privaten und gesellschaftlichen Verpflichtungen kollidieren, als Jost sich in aller Öffentlichkeit mit Lili zeigt. Regimentskommandeur Kessler verurteilt die für einen Offizier nicht standesgemäße Liaison, worauf Jost seinen Abschied einreicht. Das Gesuch bleibt liegen, Jost wird nach Berlin beordert, dann aber nach einem heftigen Disput unter Arrest gestellt. Angesichts der für ihren Rittmeister plädierenden Mannschaften erkennt Lili, daß sie Josts Berufung und Karriere nur im Wege steht und verläßt die Stadt.

Victor de Kowa und O. W. Fischer in »Eine Liebesgeschichte«.

Liebesvögel (Vieni dolce morte/Komm süßer Tod/Una strana voglia d'amore) (BRD/I 1969)
R: Mario Caiano; B: Mario Caiano, Piero Anchisi; K: Erico Menczer; S: Renato Cinquini; M: Bruno Nicolai.
D: O. W. Fischer (Der Graf), Christine Kaufmann (Die Gräfin), Claudine Auger (Marina), Tony Kendall (Mino), Lydia Alfonsi (Connie), Giancarlo Sbragia (Guido), Wolf Fisher (Der Butler).
P: CCC, COM.P.ASS. 82 Min., farbig, ab 18.
UA: 7.11.1969.
Allegorie sexueller Abhängigkeiten am Beispiel eines gräflichen Mystikers, der auf seinem Lustschloß die eigene Schwester und zwei ihm ausgelieferte Paare mißbraucht. Auf der Rückfahrt von einem Wochenendausflug geraten zwei befreundete Paare – Marina und Guido sind verheiratet, Connie und Mino liiert – auf der Flucht vor

einem furchtbaren Unwetter zu der prunkvollen Villa eines Grafen. Der sadistische Einsiedler mißbraucht seine Schwester, die Gräfin, schon seit frühester Kindheit. Nun ziehen beide ihre Gäste in ein sinnverwirrendes erotisches Spiel, das immer aggressivere Formen annimmt. Denn die vier Opfer warten nur noch wie ergebene Sklaven abwechselnd auf die Gunst von Graf und Gräfin. Als die Gräfin schließlich sogar Marina zu verführen versucht, löst sich diese aus dem Bann und versucht zu fliehen. Doch die drei anderen wollen das

Auf geradezu unheimliche Weise legt der liebestolle Schloßherr (O. W. Fischer) die verborgenen Triebe von Marina (Claudine Auger) und drei weiteren Gefangenen bloß: »Liebesvögel«.

Liebesparadies, das sie jeder eigenen Verantwortung enthebt, nicht mehr missen. Bei dem Versuch, Marina zurückzuhalten, töten sie sie.

Liebling der Welt
(siehe: Rosen der Liebe)

Le livre de San Michele
(siehe: Axel Munthe, der Arzt von San Michele)

Ludwig II. – Glanz und Ende eines Königs (BRD 1954)
R: Helmut Käutner; B: Georg Hurdalek, Peter Berneis b/a Kadidja Wedekinds Erzählung; K: Douglas Slocombe; S: Anneliese Schoennenbeck; M: Heinrich Sutermeister.
D: O. W. FISCHER (Ludwig II.), Ruth Leuwerik (Kaiserin Elisabeth), Paul Bildt (Richard Wagner), Marianne Koch (Prinzessin Sophie), Friedrich Domin (Bismarck), Rolf Kutschera (Graf Holnstein), Herbert Hübner (Kabinettschef Pfistermeister), Robert Meyn (Dr. Gudden), Klaus Kinski (Prinz Otto), Rudolf Fernau (Prinz Luitpold), Willy Rösner (Ministerpräsident Lutz), Fritz Odemar (General von der Tann), Erik Frey (Kaiser Franz Joseph), Hans Quest (Hofkapellmeister), Wolfrid Lier (Lakai), Albert Johannes (Minister Hohenfels), Erica Balque (Cosima von Bülow), Walter Regelsberger (Graf Dürkheim), Horst Hächler (Prinz Louis Ferdinand).
P: Aura. 115 Min., Technicolor, ab 12.
UA: 14.1.1955 München.
Versponnene Saga vom Alpenkönig. Kaum auf dem bayerischen Thron, wird König Ludwig II. die Politik durch die blutige Neuordnung Deutschlands unter Preußens Führung vergällt. Der sensible, Idealen nachhängende Herrscher widmet sich fortan nur mehr den schönen Künsten. Er protegiert Richard Wagner und läßt märchenhafte Schlösser errichten, die ihm den Vorwurf der Maßlosigkeit eintragen. Verbittert scheut er die Menschen und vereinsamt. Wenn er mit seiner Verlobten, Prinzessin Sophie, Wagners *Rheingold* ganz allein in der Oper erleben will oder mit deren Schwester, Kaiserin Elisabeth, den von viertausend Kerzen erleuchteten Spiegelsaal auf Herrenchiemsee betritt, erschauern die Frauen ob der leeren

Hinter den Gittern von Schloß Berg sieht der für geisteskrank erklärte »Ludwig II.« seinem Ende entgegen.

Räume. Doch die durch ihre Pflichten als österreichische Kaiserin stark eingebundene ständige Vertraute Ludwigs hält ihm die Treue – selbst als er wie sein Bruder Otto erste Zeichen des Wahns offenbart und von seinen Ministern entmündigt wird. Während sie seine Rettung vorantreibt, schreitet Ludwig in die Fluten des Starnberger Sees.

Märchen vom Glück (Traum vom Glück) (A 1949)
R: Arthur de Glahs; B: Franz Krpata, Arthur de Glahs; K: Hans Nigman; M: Max Thurner.
D: O. W. Fischer (Fernando), Maria Holst, Gretl Schoerg, Nadja Tiller, Hans Olden, Erich Doerner, Gunther Philipp, Edith Prager.
P: Belvedere. 78 Min., s/w, ab 12.
UA: 9.9.1949.
Komödie um einen Pseudo-Casanova. Im Phantasiestaat Utopistan bemüht sich der schüchterne Polizeichef Fernando vergebens um seinen großen Schwarm. Da greift er zu einer List, um seine einzige

Mit Hilfe seines Faktotums (Gunther Philipp) spielt sich der schüchterne Polizeichef (O. W.) im »Märchen vom Glück« als verbrecherischer Herzensbrecher auf.

Liebe zu erobern. Unter dem Künstlernamen Giuliano Oviedo bringt er in einem hinreißenden Doppelspiel als kraftvoller Schuft sechs andere Frauen in seine Gewalt. Nach ein paar Tagen läßt er sie wieder frei. Von ihm in seine Absichten eingeweiht, erzählen sie nun der Öffentlichkeit die wildesten Räuberpistolen. Neugierig geworden, fällt ihm auch sein Schwarm in die Räuberhand, die sich angesichts des Banditen endlich ihrer schlummernden Leidenschaft für Fernando besinnt.

El marqués (Der Marquis – der Mann, der sich verkaufen wollte) (DK/E 1965)
R: Niels Larsen; B: Niels Larsen; K: Gordo Pacheco; S: Pablo del Amo; M: Adolfo Waitzman.
D: O. W. FISCHER (Marquis), Carlos Estrada (Christopher Kay), Ana Casares (Elisa), Christiane Maybach (Blonde in der Bar), Gustavo Rojo (Casino-Direktor), Fernando Rey (Ramos), Charles

Regnier (Doktor), Emilio Redono (Rechtsanwalt), Felix Fernandez (Paco), José Luis Barrero (Torero).
P: Hermes, Continental. 93 Min., s/w, ab 12.
UA: 12.11.1965.
Thriller um einen aus Spielleidenschaft verarmten Edelmann, dem nur noch das eigene Leben als Einsatz bleibt. Stilvoll leistet sich der Marquis de las Nieves am Roulettetisch und bei seinen Mätressen eine Grandezza, die ihn in den Bankrott treibt. Weil Adel verpflichtet, kommen weder Selbstmord noch ein Leben in Armut in Frage. Er wendet sich an ein Syndikat der Todeshändler, das ihm für den Abschluß einer Lebensversicherung eine große Prämie auszahlt. Mit diesem Geld kann der Marquis alle Gläubiger befriedigen und weiter seinem Spieltrieb frönen – in Erwartung, daß das Syndikat als Nutznießer seiner Lebensversicherung bald einen tödlichen Unfall

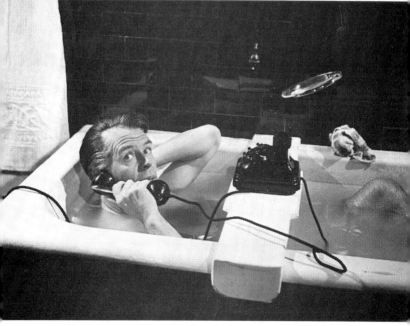

Durch seine Spielleidenschaft ruiniert, verkauft »Der Marquis« sein Leben, um mit Stil abtreten zu können.

arrangieren wird. Doch das Spielglück kommt und läßt ihn nicht mehr los. Den satten Gewinn in der Tasche, versucht der Marquis trickreich – doch vergeblich –, seinen Todespakt zu lösen. Ein Anschlag nach dem anderen verfehlt ihn nur knapp und kostet andere das Leben, bis der Marquis den furchtbaren Bann endlich abzuwenden vermag.

Der Marquis – der Mann der sich verkaufen wollte
(siehe: El marqués)

Mein Vater, der Schauspieler (BRD 1956)
R: Robert Siodmak; B: Gina Falckenberg, Maria Matray, Klaus Hardt b/a Hans Grimms Novelle; K: Kurt Hasse; M: Werner Eisbrenner.
D: O. W. FISCHER (Wolfgang Ohlsen), Oliver Grimm (Michael), Hilde Krahl (Christine Behrendt), Erica Beer (Olympia Renée), Peter Capell (Robert Fleming), Susanne von Almassy (Gerda Eissler), Hilde Körber (Souffleuse), Evi Kent (Naive), Siegfried Lowitz (Agent Ruehl), Manfred Inger (Regisseur Le Beq), Helmuth Rudolph (Helmer), Erich Fiedler (Faber), Lori Leux (Mady), Siegfried Schürenberg (Intendant).
P: CCC. 107 Min., s/w, ab 16.
UA: 7.9.1956.
Melodram um ein Schauspielerpaar, dessen Altersunterschied tragische Folgen hat. Mit Erfolg macht die Diva Christine Behrendt ihren Schauspielschüler Wolfgang Ohlsen zum Partner auf der Bühne und im Leben. Der Hochzeit und Geburt ihres Sohnes Michael folgen Triumphe in Theater und Film, bis Ohlsen eines Tages die Filmpartnerin wechseln muß, weil seine Frau den Produzenten zu alt scheint. Mißtrauisch fährt Christine zu den Dreharbeiten und überrascht Wolfgang in einer verfänglichen Situation. Aufgebracht beschimpft sie ihn und weckt Zweifel, ob er überhaupt Michaels leiblicher Vater sei, bevor sie überstürzt zurückfährt und dabei tödlich verunglückt. Die nagenden Schuldvorwürfe in bezug auf Christines Tod und die Zweifel an der Vaterschaft treiben den Star in den Suff. Stück für Stück verliert er Selbstvertrauen, Engagements und seinen Besitz – nur der kleine Michael bleibt ihm und rettet ihn in letzter Sekunde vor dem Gashahn.

»Mein Vater, der Schauspieler«: In glanzvoller Gesellschaft seines Agenten (Siegfried Lowitz) und seiner jungen Partnerin (Erica Beer) ahnt Filmstar Ohlsen (O. W.) noch nichts von der todbringenden Eifersucht seiner Frau.

Meine Tochter lebt in Wien (D 1940)
R: E. W. Emo; B: Fritz Koselka b/a Curt Johannes Brauns Entwurf; K: Georg Bruckbauer; M: Heinrich Strecker.
D: Hans Moser (Florian Klaghofer), Elfriede Datzig (seine Tochter), Hans Olden (Fabrikant Frisch), Dorit Kreysler (Frau Frisch), O. W. FISCHER (Karl Ewald), Anton Pointner (Juwelier), Charlott Daudert (Ada), Egon von Jordan, Hedwig Bleibtreu, Anni Rosar, Theodor Danegger, Gisa Wurm, Mimi Stelzer, Pepi Glöckner, Erich Nikowitz.
P: Wien-Film. 85 Min., s/w.
UA: 16.7.1940 Hamburg.
Verwechslungskomödie um den Dorfkrämer Klaghofer, dessen Tochter im Streit nach Wien gezogen ist. Als sie ihm ihre Hochzeit

meldet, reist er in die Stadt, um sich mit ihr zu versöhnen und ihren Mann kennenzulernen. Irrtümlich hält Klaghofer ihren Arbeitgeber, den Badesalzfabrikanten Frisch, für seinen Schwiegersohn und ist von dessen Lotterleben entsetzt. Geschwind knöpft er sich den hochherrschaftlichen Haushalt vor und schrubbt allen Beteiligten ordentlich den Kopf. Der lebenslustige Industrielle, dessen Freundin Ada, Frau Frisch und ein an spendablen Kavalieren gutverdienender Juwelier kriegen ihre Lektion ab, bevor sich Frischs netter Chauffeur Karl als eigentlicher Schwiegersohn herausstellt. Nachdem er die Ehe der Frischs gekittet, deren Finanzen geordnet und das junge Ehepaar besucht hat, kann Klaghofer den Sündenpfuhl Wien verlassen und wieder in seinen ordentlichen Krämerladen zurückkehren.

Der Meineidbauer (D 1941)

R: Leopold Hainisch; B: Jacob Geis b/a Ludwig Anzengrubers Drama; K: Georg Bruckbauer, Igor Oberberg; M: Rudolf Kattnigg. D: Eduard Köck (Mathias Ferner), O. W. FISCHER (Franz Ferner), Anna Exl (Gabi Burger), Ilse Exl (Vroni), Hertha Agostini (Crescenz Ferner), Hans Kratzer (Bürgermeister Höllerer), Leopold Esterle (Toni Höllerer), Ludwig Auer (Quirin), Ernst Auer (Jakob), Mimi Auer-Gstöttner (Burger-Lies), Ferdinand Exl (Richter), Anna Zötsch (Barbara), Julius Brandt (Alter Gendarm), Leo Peukert (Schindler), Karl Etlinger (Wirt), Viktor Gehring (Martl), Ralph Boddenhuser (Gerichtsdiener), Franz Ludwig (Kanzleivorstand), Walter Schweda (Franz als Kind), Christa Caparicci (Vroni als Kind), Erich Kuchar (Jakob als Kind), Klaus Pohl (Gerichtsschreiber), Martha Salm (Magd Anna), Rudolf Vones (Junger Gendarm), Maria Zideck (Kellnerin Fanny), Conrad Cappi (Mesner).
P: Euphono. 94 Min., s/w, ab 12.
UA: 19.12.1941 München.
Leidenschaftliches Volksstück um einen gnadenlosen Erbstreit im Bergmilieu. Zehn Jahre diente Gabi Burger dem Bauern als Magd und schenkte ihm zwei Kinder, gegen das Versprechen, Bäuerin auf dem Kreuzweghof zu werden. Der Bauer stirbt, und sein Stiefbruder Mathias erhält das Erbe zugeschlagen, da er beschwört, kein Testament vorgefunden zu haben. Während der kleine Franz seinen Vater Mathias beim Verbrennen des Testaments überrascht, räumt

die Magd samt ihren Kindern den Hof und stirbt bald darauf. Jahre später will der durch das Erbe zu Reichtum und Ansehen gekommene Mathias seinem Sohn die Scholle abtreten. Sein Lebenswerk soll sich aber nicht erfüllen. Franz stellt sich auf die Seite der um ihr Erbe geprellten Geschwister und verliebt sich in die Burger-Vroni. Angesichts eines ihn überführenden Briefes bäumt sich der Meineidbauer ein letztes Mal gegen die Gerechtigkeit auf und will sich an Vroni und seinem eigenen Sohn vergehen, bevor ihn eine Steinlawine hinwegreißt.

Menschen im Hotel (Grand Hotel) (BRD/F 1959)
R: Gottfried Reinhardt; B: Hans Jacoby, Ladislas Fodor b/a Vicki Baums Roman; K: Göran Strindberg; S: Kurt Zeunert; M: Hans-Martin Majewski.
D: O. W. FISCHER (Baron von Gaigern), Heinz Rühmann (Kringelein), Michèle Morgan (Grusinskaja), Gert Fröbe (Preysing), Sonja Ziemann (Flämmchen), Jean-Jacques Delbo (1. Portier), Wolfgang Wahl (Chauffeur Max), Dorothea Wieck (Suzanne), Friedrich Schoenfelder (Empfangschef), Reginald Pasch (2. Portier), Siegfried Schürenberg (Dr. Behrend).
P: CCC, Films Modernes. 107 Min., s/w, ab 18.
UA: 23.9.1959 München.
Gesellschaftsdrama um schicksalhafte achtundvierzig Stunden in einem Hotel-Palast. Bei dem Versuch, das Halsband der Grusinskaja zu stehlen, verhindert der Hochstapler Baron von Gaigern einen Selbstmordversuch der berühmten, aber alternden Tänzerin. Voller Sympathie schlägt sie ihm vor, gemeinsam abzureisen. Da Gaigern nicht einmal seine Hotelrechnung bezahlen kann, versucht er am Spieltisch sein Glück und verliert. Nur sein neuer Freund, der Buchhalter Kringelein, gewinnt, was die beiden feuchtfröhlich feiern, bis Kringelein schlecht wird. Gaigern bemuttert den Herzkranken und erfährt dabei von betrügerischen Manipulationen des Industriellen Preysing im selben Hotel. Geschwind nutzt der Baron die Chance, Preysing Schweigegeld abzunötigen, und treibt es dabei zu weit. Preysing verliert die Beherrschung und erschlägt ihn. Die Hotelsekretärin Flämmchen und Kringelein schlagen Alarm. Am nächsten Morgen zahlt Kringelein Gaigerns noch offene Rechnung, während die Grusinskaja vergeblich auf den Baron wartet.

Sonja Ziemann und O. W. Fischer als »Menschen im Hotel«.

Mit Himbeergeist geht alles besser (A 1960)

R: Georg Marischka; B: Hans Jacoby, Willibald Eser b/a Johannes Mario Simmels Roman b/a auf Marcel L. Barons Autobiographie; K: Friedl Behn-Grund, Günther Knuth; S: Hermi Sandtner, Traude Krappl; M: Johannes Fehring.

D: O. W. FISCHER (Philipp Kalder), Marianne Koch (Hilde von Hessenlohe), Jackie Lane (Chou-Chou), Petra Schürmann (Suzie), Bill Ramsey (US-Captain), Helmut Qualtinger (Seppl Reber), Fritz

Muliar (Vaclav Pivatschek), James Greenhill (Colonel Jameson), Fritz Remond (Prof. Schwarzenberg), Bruno Hübner (Helmut Niederberger), Guido Wieland (Portier).
P: Sascha. 105 Min., s/w, ab 16.
UA: 1.11.1960.
Wirtschaftswundersatire über den Weg vom Kriegsgefangenenlager in die Hochfinanz. Mit etwas Glück und dreistem Charme flieht der Deutsche Philipp Kalder aus amerikanischer Gefangenschaft. Als US-Captain kostümiert verschiebt er mit Hilfe der Army-Angestellten Hilde hochprofitablen Schrott auf dem Schwarzmarkt. Weitere Millionen verdient er als Waffenhändler in Frankreich. Und immer sind es die Nutznießer der Nachkriegsmisere, bei denen er geschickt abkassiert. Bei seinem letzten Coup wird Philipp aber selber zur Kasse gebeten. Einem neureichen Kunstliebhaber verspricht er, ein berühmtes, aber unverkäufliches Bild auf seine ganz persönliche

»Mit Himbeergeist geht alles besser« meint der US-Captain (Bill Ramsey) gegenüber dem zum Stubendienst verdonnerten Kriegsgefangenen (O. W.).

Weise zu beschaffen. Dank der reizenden Suzie gelingt der Deal auch, und Philipp will sich neuen Taten und Frauen zuwenden, worauf Suzie ihn enttäuscht um sein ganzes Vermögen bringt. Philipp kehrt zu Hilde nach Frankfurt zurück und fängt wieder frech von vorne an. Binnen kürzester Zeit kommt er zu neuem Geld und zur Ehrenbürgerschaft Frankfurts.

Napoléon (Napoleon) (F 1954)
R: Sacha Guitry; B: Sacha Guitry; K: Pierre Montazel; S: Raymond Lamy; M: Jean Françaix.
D: Daniel Gélin (Bonaparte), Raymond Pellegrin (Napoléon), Sacha Guitry (Talleyrand), Michèle Morgan (Joséphine), Danielle Darrieux (Eleonore Denuelle), Dany Robin (Désirée Clary), O. W. FISCHER (Metternich), Maria Schell (Marie-Luise von Österreich), Jean Gabin (Maréchal Lannes), Erich von Stroheim (Beethoven), Orson Welles (Sir Hudson Lowe), Eleonora Rossi-Drago (Mme. Foures).
P: Filmsonor, CLM, Francinex. 190 Min., Eastmancolor, ab 12.
UA: 30.3.1956.
Historisches Monumentalgemälde, voll von spektakulärem Pathos. Als im Mai 1821 die Nachricht von Napoleons Tod auf St. Helena nach Paris gelangt, hat Monsieur de Talleyrand gerade einige Gäste bei sich. Sie wollen wissen, wie er den berühmten Mann sah, dem er diente, gegen den er aber auch intrigierte. So schildert Talleyrand auf seine geistreiche Art die wichtigsten Episoden aus dem Leben Napoleons, seine Amouren und seine Schlachten, seinen glänzenden Aufstieg und sein bitteres Ende.

No hago la guerra, prefiero el amor
(siehe: Non faccio la guerra, faccio l'amore)

Non faccio la guerra, faccio l'amore (No hago la guerra, prefiero el amor/Geh ins Bett, nicht in den Krieg) (I/E 1966)
R: Franco Rossi; B: Luigi Magni, Jaja Fiastri, Franco Rossi; K: Roberto Gerardi; M: Riz Ortolani.
D: O. W. FISCHER (Kommandant Backhaus), Catherine Spaak, Philippe Leroy, Pepe Calvo, Juan José Menendez.

O. W. Fischer hat eine kleine Gastrolle als Metternich in Sacha Guitrys »Napoléon«.

P: Clesi, Atlantida. 97 Min., farbig, ab 12.
UA: 23.8.1968.
Feuchte Komödie um eine U-Boot-Besatzung, die auf Tauchfahrt das Kriegsende verpaßt hat. Zwanzig Jahre nach dem Waffenstillstand hat sich für acht U-Boot-Fahrer der deutschen Kriegsmarine nicht viel verändert. Während Raumkapseln und Bikinis die Welt geprägt haben, kreuzen sie unter Backhaus' Kommando unentwegt auf Feindfahrt durch das Mittelmeer, warten auf Funkorder aus der Reichshauptstadt, nur durch ein Findelkind abgelenkt, das an Bord aufwächst und sich zur die Mannschaft beunruhigenden Badenixe entwickelt. Bei einem ihrer Schwimmausflüge entdeckt die Seebraut eine Luxusyacht, die – wie sich herausstellt – ihrem reichen panamesischen Vater gehört. Mit dem Schiffsarzt ihres Vaters eröffnet sich ihr die Welt der Liebe, wie auch für die inzwischen über den Frieden aufgeklärten Seeleute das Privatleben beginnt.

Anläßlich des Bundesstarts von »Geh ins Bett, nicht in den Krieg« empfing Verleih-Chefin Waltraud Delhaes O. W. Fischer.

Onkel Toms Hütte (La capanna dello zio Tom/La case de l'oncle Tom/Cica Tomina kolibra) (BRD/I/F/YU 1965)
R: Géza von Radványi; B: Fred Denger b/a Harriet Beecher-Stowes Roman; K: Heinz Hölscher; M: Peter Thomas.
D: O. W. FISCHER (Mr. Saint Claire), Mylène Demongeot (Harriet), Thomas Fritsch (George Shelby), Herbert Lom (Haley), Gertraud Mittermayr (Eva), Eleonora Rossi-Drago (Mrs. Saint Claire),

Juliette Gréco (Dinah), John Kitzmiller (Onkel Tom), Olive Moorefield (Cassy), Harold Bradley (Harris), Charly Fawcett (Mr. Shelby), Vilma Degischer (Mrs. Shelby), Bibi Jelinek (Virginia), Catana Cayetano (Eliza), George Goodman (Sambo), Erika von Thellmann (Tante Ophelia), Rhet Kirby (Topsy), Dorothee Ellison (Mammy), Felix White (Dolph), Harry Tamekloe (Andy), Aziz Saad (Napoleon), Eartha Kitt (Sängerin).
P: Melodie, Debora, SIPRO, Avala. 116 Min., Eastmancolor, ab 12. UA: 14.4.1965.
Aufwendiges Sozialdrama vom Vorabend des amerikanischen Bürgerkriegs. In einer Zeit, wo die hart arbeitenden Farbigen der unmenschlichen Sklaverei ausgesetzt waren, gab es auch Grundbesitzer, die mit allen Kräften versuchten, das Los der Sklaven zu erleichtern. Der Farmer Shelby in Kentucky etwa. Nach gewagten Spekula-

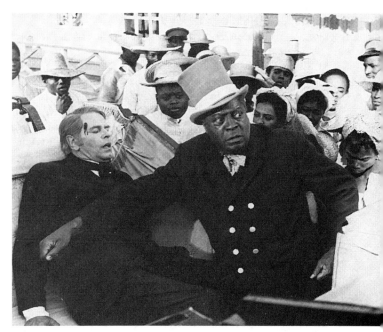

Eine seiner seltenen Sterbeszenen ließ O. W. Fischer in »Onkel Toms Hütte« von Mörderhand gemeuchelt dahinsinken.

tionen muß Shelby zehn Sklaven, darunter Onkel Tom, seinem Gläubiger Haley abtreten, einem gefürchteten Menschenschinder. Auf dem Mississippi begegnet der Sklaventransport dem reichen Plantagenbesitzer St. Claire, dessen Tochter Eva nur einen Wunsch hat: Onkel Tom freizukaufen. Unglücklich verheiratet, hängt St. Claire um so mehr an seiner schwerkranken Tochter und vermag ihr nichts abzuschlagen. Für Onkel Tom beginnt eine glückliche Zeit. Als St. Claire in die Stadt fährt, um den Sklaven offiziell die Freiheit zu schenken, wird er heimtückisch ermordet. Seine Witwe löst die Plantage auf und verkauft die Sklaven – an Haley, der mit seiner Brutalität die Sklaven schließlich zum Aufstand herausfordert.

Passaporte per l'oriente
(siehe: A Tale of Five Cities)

Peter Voss, der Held des Tages (BRD 1959)
R: Georg Marischka; B: Curt J. Braun, Peter Dronte b/a Ewald Gerhard Seeligers Roman; K: Klaus von Rautenfeld; S: Hermann Haller; M: Erwin Halletz.
D: O. W. FISCHER (Peter Voss), Walter Giller (Bobby Dodd), Linda Christian (Grace McNaughty), Ingmar Zeisberg (Dolly), Peter Mosbacher (Baron de Clock), Peter Vogel (Prinz José Villarossa), Ralf Wolter (Jockei Charley), Helga Sommerfeld (Mary de la Roche), Ludwig Linkmann (Rechtsanwalt Perrier), Lucie Englisch (Haushälterin), Ady Berber (Leslie), Ina Hantelmann (Revolutionärin).
P: Kurt Ulrich. 110 Min., Eastmancolor, ab 12.
UA: 22.12.1959.
Fortsetzung der Kriminalkomödie *Peter Voss, der Millionendieb*. Nach seiner Karriere als vermeintlicher Tresorknacker trifft der weltgewandte Voss wieder seinen Widersacher, Detektiv Bobby Dodd, zu einer Jagd rund um den Globus. Die Millionenerbin Mary de la Roche will Prinz Villarossa ehelichen, der es aber nur auf ihr in Antiquitäten angelegtes Vermögen abgesehen hat. Im Auftrag eines Anwalts kommt Voss dem Heiratsschwindler zuvor, stiehlt acht kostbare, von Dodd bewachte Ming-Pferdchen und verliert sie wiederum an Villarossas Komplizen Baron de Clock. Bis zum Verkauf der Jade-Figuren verteilt der Baron die einzelnen Pretiosen unter seinen Bandenmitgliedern auf vier Kontinenten. In unterschiedlich-

Außer der Katze verbindet »Peter Voss« (O. W.) nichts mit dem Heiratsschwindler Prinz Villarossa (Peter Vogel).

sten Masken muß Voss ihnen nachreisen und sich Pferdchen für Pferdchen zurückholen. Ihm auf den Fersen Bobby Dodd. Erst als Voss den Schatz zurückbringt und Mary den wahren Charakter ihres Prinzen enthüllt, steht ihm Dodd bei, um die Ganoven endgültig dingfest zu machen.

Peter Voss, der Millionendieb (BRD 1958)
R: Wolfgang Becker; B: Curt J. Braun, Gustav Kampendonk b/a Ewald Gerhard Seeligers Roman; K: Klaus von Rautenfeld, Günter Senftleben; S: K. M. Eckstein; M: Hans-Martin Majewski.
D: O. W. FISCHER (Peter Voss), Walter Giller (Bobby Dodd), Ingrid Andrée (Barbara Rottmann), Margit Saad (Marion), Mara Lane (Monique), Peter Mosbacher (Baron de Clock), Peter Carsten (Willy), Boy Gobert (Ramon Cadalso), Hans Leibelt (Herr Rottmann), Ludwig Linkmann (Van Zanten), Henri Cogan (Otto), Franz-Otto Krüger (Diener Uhl).
P: Kurt Ulrich. 112 Min., Eastmancolor, ab 12.
UA: 16.10.1958.
Kriminalkomödie um die erregenden Abenteuer des flinken Verkleidungskünstlers Peter Voss. Kurz vor dem Konkurs vertraut sich Herr Rottmann seinem Freund Voss an. Der seriöse Bankier ist etwas klamm, nachdem er dem renommierten Juwelenhändler van Zanten einen großen Kauf vorfinanziert hat. In Hongkong verunglückte van Zanten mit der wertvollen Ware, und während man den Holländer schwerverletzt auffand, blieben die nicht versicherten Juwelen verschwunden. Voss verspricht dem so in Geldnot geratenen Bankier zumindest eine Verschnaufpause zu verschaffen und fingiert einen Einbruch in den leeren Tresor. Zwei Monate braucht Rottmann, um den Fehlbetrag anderweitig zu beschaffen, weshalb Voss mit der nicht vorhandenen Beute auf Weltreise geht – konkurrierende Ganoven, die Polizei, Detektiv Bobby Dodd und die verliebte Bankierstochter Barbara in seinem Rücken. Nach Lissabon, Mexico City und Tokio schaut Voss in Hongkong bei van Zanten vorbei, wodurch der Juwelenraub eine unerwartete Wende nimmt.

Pourquoi toujours du caviar
(siehe: Es muß nicht immer Kaviar sein)

Der Priester von Neapel
(siehe: Il bacio del sole)

Das Riesenrad (BRD 1961)
R: Géza von Radványi; B: Ladislas Fodor b/a Jan de Hartogs Drama »The Fourposter«; K: Friedl Behn-Grund; S: Jutta Hering; M: Hans-Martin Majewski.

In beiden Teilen der Kriminalkomödie wird »Peter Voss« (O. W.) von seinem Widersacher, Detektiv Bobby Dodd (Walter Giller), rund um den Globus gejagt.

D: Maria Schell (Elisabeth Hill), O. W. Fischer (Rudolf Hill), Adrienne Gessner (Adele Hill), Rudolf Forster (Hofrat Hill), Heinz Blau (Hubert Hill), Gregor von Rezzori (Graf Wallburg), Doris

Kirchner (Gusti Gräfin Wallburg), Gusti Wolf (Gisela Hill), Alexander Trojan (Walter Hill), Anita Gutwell (Rita), Frances Martin (Hansi), Margita Scherr (Rudolfine Hill), Rainer Brandt (Fähnrich Lothar Höpfner), Margarete Hruby (Mathilde Riedl), Karl Hellmer (Karl Riedl), Max Wittmann (Dr. Blau), Horst Janson (Harry), Christian Doermer (Hubert Hill jr).
P: CCC. 109 Min., s/w, ab 12.
UA: 25.8.1961 Hannover.
Plüschige Lebensgeschichte eines Wiener Ehepaars von 1900 bis 1950, voller Familienglück, Liebesleid und Alltagssorgen im stillen Winkel der Zeitgeschichte. Zu beschwingten Walzerklängen lernen sich Rudolf und Elisabeth auf dem Riesenrad im Prater kennen, wo sie alsbald auch ihre Trauung feiern. Der Erste Weltkrieg reißt Rudolf aus dem trauten Heim. Allein gelassen flirtet Elisabeth kurz mit dem klavierspielenden Fähnrich Höpfner, doch nach Kriegsende

Maria Schell und O. W. Fischer in »Das Riesenrad«.

eint der hektische Wiederaufbau das Ehepaar. Erst bei einem Wiedersehen mit dem nunmehr berühmten Pianisten denkt die vernachlässigte Elisabeth an Scheidung. Die Ehekrise geht vorüber und wird vom Schrecken der Nazis abgelöst. Ihr Sohn Hubert fällt im Krieg, und das alternde Ehepaar sieht sich dem Chaos der Nachkriegszeit gegenüber. Während Elisabeth einem schweren Leiden erliegt, baut Rudolf mit letzter Kraft ein weiteres Mal den Familienbetrieb auf. Und als ihm die heimliche Witwe seines Sohnes Hubert einen Enkel präsentiert, kann Rudolf sein Lebenswerk aus der Hand geben und Elisabeth folgen.

Rosen der Liebe (Seine Hoheit darf nicht küssen/Liebling der Welt) (A/F 1949)
R: Max Neufeld; B: Siegfried Bernfeld, Karl Farkas; K: Oskar Schnirch; M: Nicolas Brodszky, Frank Fox.
D: Nadja Gray (Gaby Desroses), O. W. FISCHER (König Raoul), Siegfried Breuer (Harry Belmont), Karl Farkas, Maria Eis, Egon von Jordan, Carl Günther, Eugen Neufeld, Jochen Brockmann, Hans Putz, Lisa Frank, Grete Müller-Morelli, Karl Nästlberger, Karl Bachmann, Emmerich Schrenk, Felix Dombrowsky, Rolf Kutschera, Eduard Loibner, Nadja Tiller.
P: Donau, Berna, Arta. 97 Min., s/w, ab 12.
UA: 23.12.1949 Dortmund.
Musikalisches Melodram um einen neuen Stern am Show-Himmel. In einer böhmischen Kleinstadt entdeckt ein Agent bei der Durchreise das musikalische Talent der Bahnhofsvorsteherstochter Gaby und bringt sie zur Bühne. Als gefeierte Revuesängerin geht sie auch außer Landes auf Tournee und lernt Raoul, den König eines südländischen Staates, kennen, mit dem sie eine heftige Affäre erlebt. Nur durch eine Intrige erreicht der eifersüchtige Agent, daß Gaby Raoul verläßt und zur Bühne zurückkehrt. Doch der König folgt ihr, beteuert seine Liebe und dankt schließlich ab, um mit ihr zusammenleben zu können.

Sag' endlich ja (D 1945, unvollendet)
R: Helmut Weiß; B: Fritz Schwiefert b/a Paul Jarricos Drehbuch zum RKO-Film »Tom, Dick and Harry«; K: Reimar Kuntze; S: René Métain; M: Theo Mackeben.

D: Jenny Jugo (Annette Müller), Karl Schönböck (Legationsrat), O. W. Fischer (Ingenieur), Max Eckard (Pianist), Olga Limburg, Paul Bildt, Waltraud Kogel, Lotte Jürgens, Leopold von Ledebur, Helmut Wolff.
P: Terra, s/w.

Liebeskomödie um eine in der Wahl ihres Zukünftigen schrecklich unentschiedene Frau. Wahre Höllenqualen erleidet die Sprachlehrerin Annette Müller, deren Traum von einem wohlhabenden Mann in der Realität harten Prüfungen unterliegt. Unter ihren schätzenswerten Verehrern wäre zwar der charmante, zielstrebige Legationsrat oder auch der Herr Ingenieur, etwas älter, stiller, aber nicht weniger attraktiv. Nur der dritte im Bund kommt eigentlich gar nicht in Frage, ein junger Pianist, ohne Lebensstellung, ohne Geld, nur ein kleiner Künstler, den sie dennoch am meisten liebt. Die bis ins kleinste Detail vor sich hin planende Annette kommt plötzlich in Zugzwang, als dem Legationsrat die Versetzung bevorsteht, der Ingenieur auf Dienstreise muß und der Pianist als Stipendiat zum Musik-

Unsanft endet für den Anwalt Dr. Werther (O. W.) eine Hochzeitsnacht mit weitreichenden Folgen: »Scheidungsgrund Liebe«.

pädagogen Lejeune nach Paris berufen wird. Endlich siegt die Zuneigung über jedwede Berechnung, und sie entscheidet sich für Paris.

Scheidungsgrund Liebe (BRD 1960)
R: Cyril Frankel; B: Ladislas Fodor b/a Ellinor Hartungs Roman »Marylin«; K: Klaus von Rautenfeld; S: Hermann Haller; M: Helmut Zacharias.
D: O. W. FISCHER (Dr. Thomas Werther), Dany Robin (Marylin), Alice Treff (Evelyn), Violetta Ferrari (Lorelei Kindl), Ernst Stankovski (Tullio), Ralf Wolter (Dr. Waldgeist), Heinrich Gretler (Richter).
P: CCC. 85 Min., Eastmancolor, ab 18.
UA: 26.8.1960.
Lustspiel um einen von seinen Mandantinnen umschwärmten Anwalt. Neben internationalen Verpflichtungen sammelt Dr. Thomas Werther Freisprüche am laufenden Band, wie etwa für die frühreife Lorelei. Von der Polizei bei einer nächtlichen Razzia aufgegriffen, wird sie dank seinem Plädoyer vom Vorwurf der Prostitution freigesprochen, aber dem Jugendamt unterstellt. Als Fürsorger beruft man – Thomas, der Lorelei bei sich aufnimmt und ihr nur mühsam erklären kann, daß er rein brüderliche Gefühle für sie hegt. Von ganz anderem Kaliber ist die schwerreiche Marylin. Beim ersten Hauch von Sympathie heiratet sie und verstößt die Männer ebenso schnell. Thomas steht ihr dabei nicht nur als Scheidungsanwalt, sondern auch als Strafverteidiger bei, da sie sich recht handgreiflich von ihren Spielkameraden zu verabschieden pflegt. Eines Tages geht ihr Thomas selber ins Netz, den sie in gewohnt herrischer Weise behandelt. Er zeigt sich aber als richtiger Mann, legt sie übers Knie und erzieht sie sich zur glücklichen, ihn liebenden Gattin.

Schwarz gegen Blond (D 1939)
R: Philipp von Zeska.
D: O. W. FISCHER.
Kurzspielfilm.

Die schwarze Lorelei
(siehe: Whirlpool)

Seine Hoheit darf nicht küssen
(siehe: Rosen der Liebe)

Shiva und die Galgenblume (D 1945, unvollendet)
R: Hans Steinhoff; B: Hans Steinhoff, Hans Rudolf Berndorff b/a Berndorffs Roman; K: Carl Hoffmann; M: Werner Eisbrenner.
D: Hans Albers (Kriminalrat Dietrich Dongen), Aribert Wäscher (Ernst van der Haardt), Eugen Klöpfer (Prof. Knyphausen), Gottlieb Sambor alias Boguslaw Samborski (Graf Gortschakoff), Theodor Loos (Kommissar Winkler), Paul Wegener (Wladimir Penski), Elisabeth Flickenschildt, Grethe Weiser, Harald Paulsen, Carl Heinz Schroth, O. W. Fischer, Heinz Moog, Franz Pfaudler, Jakob Tiedtke, Wolf Trutz, Otto Matthies, Werner Pledath, Werner Stock, Franz Stein, Hilde Hildebrand, Viktor Janson, Herbert Hübner, Hubert von Meyerinck, Julius Frey, Gerhard Bienert, Karl Hannemann, Herbert Gernot, Werner Schott, Willi Rose, Leopold von Ledebur, Erich Dunskus, Bruno Harprecht, Albert Florath, Nikolai Kolin, Andrews Engelmann, Ernst Rotmund, Kurt Vespermann, Ernst Dornburg, Lutz Götz, Walter Groß.
P: Prag-Film. Agfacolor.
Krimi um eine rätselhafte Diebstahlserie in der Kunstszene. Ein Werk des verstorbenen russischen Malers Wersiloff, das den Galgentod seines Vaters darstellt, scheint eine besondere Bedeutung zu haben: Erst wird dem Bankier van der Haardt das Original gestohlen, dann verschwinden zwei Reproduktionen des bedeutsamen Motivs. Bei dem Versuch, auch noch das letzte Exemplar dieser Serie Professor Knyphausen zu entwenden, ist Kriminalrat Dongen, genannt Shiva, am Tatort und nimmt die Spur auf. Shiva erahnt einen Zusammenhang mit kunstfertigem Falschgeld, das im Umlauf ist, und sucht im russischen Emigrantenmilieu nach Tatverdächtigen. Dabei hilft ihm Graf Gortschakoff, sich ein Bild von den in Deutschland lebenden Russen zu machen. Shiva läßt sich aber nicht täuschen und entlarvt den falschen Grafen, hinter dessen Maske sich der sehr lebendige Wersiloff verbirgt, als habgierigen Täter.

Sieben Briefe (D 1944)
R: Otto Pittermann; B: Eberhard Keindorff, W. Ulrici; K: Josef Strecher; M: Peter Brandt.

D: O. W. FISCHER (Felix Lombard), Elfriede Datzig, Paul Kemp, Fritz Odemar, Harald Paulsen, Andrews Engelmann, Mady Rahl, Alexander Engel, Ernst Legal, Viktor Janson, Ernst Dernburg, Carl Heinz Peters, Hans Paetsch, Fritz Remond.
P: Prag-Film. 81 Min., s/w, ab 12.
UA: 29.3.1944.
Liebevolle Krimiparodie um den schriftstellerisch veranlagten Fotografen Felix. Als seine Liebste Felix davor warnt, sie in seinen Briefen zu langweilen, behauptet er ganz einfach, in einen spannenden Kriminalfall verwickelt zu sein. So schreibt er ihr immer von den neuesten Vorfällen, die sie für wahr hält. Felix muß zu seinem Schrecken feststellen, daß auch ihr Vater die Lügengeschichten gebannt liest. Letzterer durchschaut den Betrug und beschließt, Lombard eine Lektion zu erteilen.

Skandal in Ischl (A 1957)

R: Rolf Thiele; B: Johanna Sibelius, Eberhard von Keindorff b/a Hermann Bahrs Drama »Der Meister«; K: Klaus von Rautenfeld; S: Erwin Marno, Elfriede Pröll; M: Bruno Uher.
D: O. W. FISCHER (Dr. Franz Duhr), Elisabeth Müller (Viola Duhr), Ivan Desny (Graf Vanin), Nina Sandt (Marquise de Laforge), Doris Kirchner (Ida), Harry Meyen (Dr. Balsam), Michael Ande (Prinz Franz), Rudolf Forster (Fürst Emanuel), Alma Seidler (Erzherzogin Marie Antonie), Raoul Retzer (Podlasni), Fritz Holzer (Redakteur Wieslinger), Hugo Lindinger (Bürgermeister), Guido Wieland (Medizinalrat Duhr), Susanne Engelhardt (Julie), Lutz Landers (Baron Bruno von Waldeck), Helmuth Lex (Leutnant Willi von Waldeck), Carola Rasch (Komtesse Nina), Senta Wengraf (Gräfin Ens), Christl Erber (Therese Holzapfel), Lorli Fischer (Rosi), Edith Elmay (Mizzi), Willi Meissl-Berling (Dr. Hoffmann), Karl Schellenberg (Dr. Swoboda).
P: Vienna. 94 Min., Agfacolor, ab 16.
UA: 13.12.1957 Düsseldorf.
Gesellschaftskomödie um einen selbstgefälligen Arzt, der nie sein mokantes Lächeln verliert. Zufrieden nimmt Dr. Duhr zur Kenntnis, daß ihm auch im Sommer 1910 der Hochadel mit seinen Wehwehchen die Treue hält. Da streut die Marquise das Gerücht aus, er hätte ihrer schwangeren Zofe Therese »geholfen«. Diesem Abtrei-

bungsskandal setzt Dr. Duhr noch eins drauf, indem er mit Hilfe Graf Vanins ein Heim für ledige Mütter eröffnet. Doch nicht nur der passionierte Löwenjäger Vanin schätzt den Mut des Modearztes. Auch Erzherzogin Marie Antonie wendet sich vertrauensvoll an ihn, um dem verkrüppelten Prinzen Franz zu helfen. Die gefährliche Operation glückt, und Therese meldet sich aus Salzburg, wo sie dank Dr. Duhr in Ruhe ihr Kind gebären konnte – nur Viola Duhr verzeiht ihrem Mann nicht, daß er ihr vor lauter Eigenliebe in der schweren Zeit weder sein Vertrauen noch seine Zeit schenkte. Sie will mit Graf Vanin durchbrennen. Doch in einem lichten Augenblick erkennt Duhr seine Fehler und gelobt Besserung.

Solange Du da bist (BRD 1953)
R: Harald Braun; B: Jochen Huth; K: Helmut Ashley; S: Claus von Boro; M: Werner Eisbrenner.
D: Maria Schell (Eva Berger), O. W. FISCHER (Frank Tornau), Hardy Krüger (Stefan Berger), Brigitte Horney (Mona Arendt), Mathias Wiemann (Paul), Paul Bildt (Bankier Georg Bentz), Walter Richter (Willi), Liesl Karlstadt (Garderobiere), Erna Großmann, Gudrun Rabente, Helene Robert, Anneliese Uhlig, Rolf Assell, Heinz Beck, Heini Göbel, Hans Henn, Walter Holten, Michael Lenz, Wolfgang Molander, Robert Nägele, Ado Riegler, Hans Wunschel.
P: NDF. 103 Min., s/w, ab 12.
UA: 27.8.1953 Hamburg.
Sozialdrama um ein Flüchtlingspaar, das unter den menschenverformenden Zwängen der Filmindustrie zu zerbrechen droht. Mit seinen am Kassenerfolg orientierten Filmen ist dem Regisseur Tornau der Abstand zwischen Spiel und Wirklichkeit verlorengegangen. Zynisch preßt er Mitarbeiter wie seinen Hausstar Mona Arendt bis zum letzten aus. Da begegnet Tornau im Atelier einer Statistin, deren Kleid lichterloh brennt. Neugierig lernt er Eva kennen und die Geschichte ihrer Ehe, die Krieg, Vertreibung und den Neuanfang überdauert hat. Begeistert kauft er das Leben, um es mit ihr in der Hauptrolle zu verfilmen. Vor der Kamera treibt Tornau Eva noch einmal durch Leiden und Freuden ihrer Vergangenheit. Auch durch jene Situation, wo Eva einst ihren verletzten Mann im Stich gelassen hat, um den rettenden Zug in die Freiheit zu erreichen. An dieser Erinnerung bricht Eva zusammen. Doch ihr Mann Stefan war unter

Schichtwechsel in der Traumfabrik. Skrupellos wechselt der Regisseur (O. W. Fischer) seinen alternden Star (Brigitte Horney) durch eine Komparsin (Maria Schell) aus: »Solange Du da bist«.

den Komparsen versteckt, eilt zu ihr und rettet sie aus der Traumfabrik. Tornau bleibt allein zurück, mit etwas mehr Respekt vor dem Leben vielleicht.

Sommerliebe (D 1942)
R: Erich Engel; B: Hans Adler; K: Robert Baberske b/a Otto Erich Hartlebens Novelle; M: Anton Profes.
D: Winnie Markus (Renate Burger), O. W. FISCHER (Franz von Haflinger), Siegfried Breuer, Lotte Lang, Inge Konradi, Hans Olden, Hedwig Bleibtreu, Anni Rosar, Susi Nicoletti, Auguste Pünkösdy, Johanna Terwin.
P: Wien-Film. 90 Min., s/w.
UA: 26.11.1942 Wien.

Bittersüßes Melodram um eine Schauspielerin, die Karriere über Glück stellt. Anfang dieses Jahrhunderts verbringt der Gutsbesitzer Franz von Haflinger ein paar Tage an der Adria und verliebt sich dabei in eine geheimnisvolle Unbekannte. Als sie überraschend abreist, bemüht er sich vergeblich, ihre Identität und Adresse ausfindig zu machen. Daheim in Österreich führt sie der Zufall wieder zusammen, und von Haflinger lernt die Schauspielerin Renate Burger endlich näher kennen. Bei aller Sympathie weist sie aber seine Hochzeitspläne zurück und widmet sich ausschließlich ihrer Bühnenkarriere.

Spiel
(siehe: Spiel mit der Liebe)

Spiel mit der Liebe (Spiel) (D 1944)
R: Alfred Stöger; B: Werner Eplinius b/a Hugo Zehders Idee; K: Jan Roth; M: Franz Grothe.
D: O. W. FISCHER (Dr. Hall), Harald Paulsen (Schmierenkomödiant), Oskar Sima (Josef Haberkorn), Erika von Thellmann (Hansi Haberkorn), Lucie Englisch, Herta Mayen, Carl Günther, Ernst Legal, Hilde Hildebrand, Klaus Pohl, Viktor Janson, Angelo Ferrari.
P: Prag-Film. 85 Min., s/w, ab 12.
UA: 5.12.1944 Breslau.
Lustspiel um den Traum vom eigenen Theater. Der dichtende Kaffeehausbesitzer Haberkorn und ein Schmierenkomödiant wollen in einem leeren Saal über dem Kaffeehaus ihre eigene Bühne eröffnen. Sie scheitern aber am Geiz der Frau Haberkorn, die die Finanzen ihres Mannes fest im Griff hat. Als Alternative setzen sie auf das Kasino ihres Kurortes, ohne dabei zu sehr ihrem Spielglück zu vertrauen. Geschickt halten sie sich an den Versicherungsmathematiker Dr. Hall, der bereits sagenhaftes Glück im Spiel hatte. Nichts scheint ihnen einfacher, als parallel mit ihm zu spielen und zu gewinnen. Dr. Hall beteuert ihnen zwar hoch und heilig, daß er kein System besitzt und nur aus Zufall gewann. Die beiden glauben ihm aber nicht und verlieren ihr ganzes Geld. Inzwischen hat Hansi Haberkorn gemerkt, daß es auch sehr lukrative Bühnen gibt, und flugs eine ihr angebotene Kleinkunstbühne in Berlin erworben.

Una strana voglia d'amore
(siehe: Liebesvögel)

Tagebuch einer Verliebten (BRD 1953)
R: Josef von Baky; B: Emil Burri, Johannes Mario Simmel b/a Dinah Nelkens Roman »Ich an mich«; K: Oskar Schnirch; S: Rudolf Schaad; M: Alois Melichar; L: A. Christie, Paul Lincke, Günther Schwenn.
Kommentator: Hans Nielsen.
D: Maria Schell (Barbara Holzmann), O. W. Fischer (Paul Holzmann), Franco Andrey (Nicola), Margarethe Haagen (Oma Sanitätsrat), Ernst Schröder (Dr. Hugendübel), Erna Sellmer (Frau Bumke), Willy Reichert (Hotelportier), Hans Stiebner (Herr Krause), Rudolf Kalvius (Oberkellner), Hermann Pfeiffer (Standesbeamter), Ute Sielisch (Frl. Käthi), Gerd Sylla (Karli).
P: Magna. 90 Min., s/w, ab 16.
UA: 19.10.1953 Berlin.
Ehekomödie um das verflixte siebente Jahr. In ihrer eigenen Tankstelle führten Barbara, Paul und ihr sechsjähriger Karli ein glückliches Leben, wenn da nicht stets Anzeichen wären, daß Paul Barbara hintergeht. Er mag keiner weiblichen Versuchung widerstehen und leugnet das auch noch frech, während Barbara nur romantischen Phantasien nachhängt: Einst gab es einen treuherzigen Italiener, der ihr seitdem unverdrossen seine ewige Liebe schwört. Ratlos flüchtet Barbara wie so oft zu ihrer Oma. Ein weiteres Mal holt Paul sie zurück – diesmal winkt er mit einem Totogewinn, der sie miteinander versöhnen soll. Doch Geld ist keine Lösung, und sie wirft sich in die Arme ihres Italieners Nicola. Angesichts der Scheidung verliert Paul jeden Halt. Die Amouren, das Geld, sein Sohn, nichts zählt mehr. Pauls Haushälterin, Frau Bumke, alarmiert Barbara wegen der zunehmenden Verwahrlosung Karlis. Ein letztes Mal trifft sich das ehemalige Paar, um Karli zur Oma zu bringen. Doch am Ende dieser Fahrt erkennen sie kleinlaut, daß sie ohne einander nicht existieren können.

A Tale of Five Cities (A Tale of Five Women/Fünf Mädchen und ein Mann/Passaporte per l'oriente/5 Städte – 5 Mädchen/L'inconnue de cinq cités) (GB/I/A/BRD/F 1947–1951)

R: Montgomery Tully, Romollo Marcellini, Géza von Cziffra, Wolfgang Staudte, Emile Edwin Reinert; B: Richard Llewellyn, Piero Tellini, Géza von Cziffra, Günther Weisenborn, Jacques Companéez b/a Patrick Kirwans und Maurice J. Winsons Idee; K: Gordon Lang, La Torre, Ludwig Berger, Friedl Behn-Grund, Robert Dormoy; S: Maurice Rootes; M: Hans Mai, Josef Hajos.

D: Bonnar Colleano (Bob Mitchell), Barbara Kelly (Lesley), Anne Vernon (Jeannine), Lana Morris (Delia), Gina Lollobrigida (Maria), Eva Bartok (Katalin), Karin Himbold (Charlotte), Geoffrey Sumner (Geschwaderführer), Lily Kahn (Charlady), Philip Leaver (Italienischer Beamter), Annette Poivre (Annette), Danny Green (Levinsky), Carl Jaffe (Charlottes Bruder), Marcello Mastroianni, O. W. FISCHER.

P: Grand National, Cziffra. 95 Min., s/w, ab 12.

UA: 8.5.1951 London.

Episodenfilm um die länderübergreifende Suche nach der Identität eines Soldaten in der Nachkriegszeit. Bei einem Unfall während der letzten Scharmützel verliert Bob Mitchell 1945 das Gedächtnis und wird aufgrund seines amerikanischen Slangs in die Vereinigten Staaten überführt. Dort wittert ein New Yorker Magazin eine heiße Story und schickt ihn in Begleitung der Reporterin Lesley auf Spurensicherung nach Europa. In der Trümmerlandschaft von Rom, Paris, Berlin, Wien und London suchen die beiden nach Bobs Vergangenheit und begegnen ihr in Gestalt der Frauen seines Lebens. Es stellt sich heraus, daß er ein Brite ist, der den Akzent bei seiner Arbeit für die Amerikaner erworben hat. Glücklich kann er seine Schwester Delia wieder in die Arme schließen.

A Tale of Five Women

(siehe: A Tale of Five Cities)

Tausend rote Rosen blühn (BRD 1952)

R: Alfred Braun; B: Werner P. Zibaso; K: Bruno Stephan; M: Herbert Trantow, Will Meisel, Lotar Olias, Oskar Schima.

D: Rudolf Prack (Hannes Frings), O. W. FISCHER (Andreas Mahler), Winnie Markus (Ebba), Otto Gebühr (Der Rosenbauer), Margarete Haagen (Anna), Gunnar Möller (Himpermax), Maria Holst (Marita), Josef Sieber (Jupp Siedel), Ludwig Schmitz (Süffchen),

Kurt Reimann (Sänger), Lotte Rausch (Roswitha), Fritz Eberth (Schaub), Eugen Dumont (Der alte Frings), Joachim Schütz (Der kleine Claus).
P: Roxy. 85 Min., s/w, ab 12.
UA: 29.8.1952 Berlin.
Musikalischer Heimatfilm um eine Frau zwischen zwei Männern. Der brillante Ingenieur Andreas Mahler muß sein Liebesglück mit Ebba unterbrechen, um im Ausland beruflichen Verpflichtungen nachzukommen. Vor der Trennung versprechen sich die beiden noch die Ehe für den Tag seiner Rückkehr, dann hört Ebba nie mehr von ihm. Enttäuscht gibt sie dem aufrichtigen Werben eines Bauern nach, heiratet Hannes Frings und schenkt ihm ein Kind. Da kehrt Andreas voller Hoffnung aus Übersee zurück. Er hat ihr ständig geschrieben, doch Ebbas Vater hat die Briefe unterschlagen. In neuer Leidenschaft brennt Ebba mit ihm durch, kehrt aber nach einem Unfall ihres Kindes zurück und besinnt sich ihrer ehelichen Pflichten.

Top Secret – c'est pas toujours du caviar
(siehe: Diesmal muß es Kaviar sein)

Traum vom Glück
(siehe: Märchen vom Glück)

Der träumende Mund (BRD 1952)
R: Josef von Baky; B: Paul Czinner, Carl Mayer, Johanna Sibelius b/a Henry Bernsteins Drama »Melo«; K: Konstantin Tschet; M: Alois Melichar.
D: O. W. FISCHER (Mann), Maria Schell (Frau), Frits van Dongen (Geiger), Eva Portmann, Marga Maasberg.
P: Fama. 90 Min., ab 12.
UA: 29.1.1953.
Melodram um eine Frau, die von den Besitzansprüchen ihres Gatten und ihres Geliebten aufgerieben wird. Eine moderne junge Frau ist glücklich mit einem Orchestermusiker verheiratet, der seine Unreife mit der Sicherheit eines streng geregelten und daher langweiligen Lebens überspielt. Eines Tages stellt er ihr bei einem Gastspiel seinen ehemaligen Studienfreund vor, der ein berühmter Geigenvirtuose ist. Aus Koketterie befaßt sie sich näher mit ihm und erliegt

Maria Schell und O. W. Fischer in »Der träumende Mund«.

seinem abgeklärten Wesen. Er erwidert ihre Liebe, ohne daß ihr Gatte etwas von der Beziehung ahnt. Als der Liebhaber sie zur Scheidung drängt, gerät sie in Verzweiflung. Wohl wissend, daß ihr Mann nicht ohne sie leben kann. Der im Drehbuch vorgesehene Selbstmord wurde ersatzlos gestrichen; in der einen Endfassung irrt sie unentschlossen durch die Straßen, während sie in der anderen friedvoll-glücklich zu ihrem Mann zurückkehrt.

Triumph der Liebe (A 1947)
R: Alfred Stöger; B: Kaspar Loser b/a Aristophanes' Drama »Lysistrata«; K: Oskar Schnirch; S: Anna Hollering; M: Alois Melichar.
D: Judith Holzmeister (Lysistrata), Inge Konradi (Lysistratas Dienerin), O. W. Fischer (Agathos), Paul Kemp, Hilde Berndt, Mimi Shorp, Georg Tressler.
P: Mundus. 89 Min., s/w, ab 16.
UA: 18.4.1947 Wien.

Musikalische Komödie um eine Verschwörung der Athener Frauen zur Beendigung des Krieges. Der ständigen Kriegszüge ihrer Männer gegen Sparta leid, beschließen die Frauen von Athen, diesem entarteten Zustand auf listige Weise ein Ende zu bereiten. Den entscheidenden Impuls gibt Lysistrata, die – frisch mit dem Feldherrn Agathos verheiratet – ihren Gemahl kaum zu sehen bekommt. Unter ihrer Führung verweigern sich die Athenerinnen ihren Kriegern und beenden den Liebesstreik erst nach erzwungenem Frieden.

Und das am Montagmorgen (BRD 1959)

R: Luigi Comencini; B: Peter Goldbaum, Franz Hoellering, Luigi Comencini b/a John Boynton Priestleys Drama »The Scandalous Affair of Mr. Kettle and Mrs. Moon«; K: Karl Löb; S: Walter Wischniewsky; M: Hans-Martin Majewski.

D: O. W. FISCHER (Alois Kessel), Ulla Jacobsson (Delia Mond),

Im örtlichen Kunstverein hat der Filialdirektor (O. W.) eine reizende Nervenärztin (Ulla Jacobsson) kennengelernt, die ihm über eine psychische Krise im Bankalltag hinweghilft: »Und das am Montagmorgen«.

Robert Graf (Herbert Acker), Vera Tschechowa (Monika), Werner Finck (Prof. Groß), Reinhard Kolldehoff (Müller), Lotte Stein (Frau Mutz), Siegfried Schürenberg (von Schmitz), Blandine Ebinger (Frau Präfke), Manfred Grothe (Sekretär), Inge Wolffberg (Patientin), Elvira Schalcher (Sekretärin), Käthe Alving (Frau Mond), Sigurd Lohde (Dr. Mond), Herbert Weissbach (Wegeleben).
P: Sokal, Goldbaum, CCC. 92 Min., s/w, ab 16.
UA: 26.6.1959 Berlin.
Ironische Komödie um einen frustrierten Bankangestellten, der auszubrechen wagt. Beflissen geht Filialdirektor Kessel seinen Pflichten nach. Selbst am Wochenende legt er die Arbeit nicht aus der Hand, erstellt Jahresabschlüsse und Steuererklärungen. Nach durcharbeiteter Nacht bahnt sich Kessel seinen Weg durch den Montagsverkehr. Doch angesichts einer Schule durchzuckt es ihn, er schwänzt die Arbeit und plündert einen Spielzeugladen aus. Seine Vorgesetzten, die Polizei und die Honoratioren prüfen daraufhin besorgt den Kassenstand der Bank und widmen sich dann dem Geisteszustand Kessels. Ausgerechnet die insgeheim von ihm verehrte Dr. Delia Mond analysiert, Kessel leide unter dem Zwang, nur noch die Wahrheit zu sagen – sogleich gesteht er ihr seine Liebe. Da bereitet Professor Groß dem Spuk ein Ende. Er hypnotisiert den willfährigen Kessel, der Dienstag morgen – ganz der alte – in der Bank erscheint. An den verrückten Montag erinnert nur noch seine Ehe mit Delia und ein verschmitztes Lächeln der Erinnerung.

... und nichts als die Wahrheit (BRD 1958)

R: Franz Peter Wirth; B: Andrew Solt, H. O. Wuttig, Leopold Ahlsen, Franz Peter Wirth b/a Ricarda Huchs Novelle »Der Fall Deruga«; K: Günter Senftleben; S: Claus von Boro; M: Werner Eisbrenner.
D: O. W. FISCHER (Dr. Stefan Donat), Marianne Koch (Mingo Fabian), Ingrid Andrée (Agnes Donat), Friedrich Domin (Rechtsanwalt Dr. Fein), Walter Rilla (Michael Fabian), Paul Verhoeven (Vorsitzender), Ettore Cella (Giuseppe Verzielli), Heinrich Gretler (Hausmeister Haas), Herbert Tiede (Dr. Peter Bernburger), A. M. Rueffer (Staatsanwalt), Franziska Kinz (Ursula Züger), Max Mairich (Eduard Eberhard Eckert), Ernst Ronnecker (Otto), Liesl Karlstadt.

»... und nichts als die Wahrheit«: Im Gefängnis verliebt sich die junge Studentin (Marianne Koch) in den von ihr des Mordes beschuldigten Dr. Donat (O. W.)

P: Bavaria. 96 Min., s/w, ab 12.
UA: 29.8.1958 München.
Drama um den fragwürdigen Verlauf eines Indizienprozesses. Noch in der Todesstunde hat Agnes Donat ihr Testament unbegreiflicherweise zugunsten ihres geschiedenen Mannes geändert. Die ursprüngliche Erbin Mingo Fabian weiß nicht recht darauf zu reagieren, aber ihr Anwalt Dr. Bernburger überredet sie, das Testament anfechten und die Leiche exhumieren zu lassen. Als man Giftspuren feststellt, wird Dr. Donat vor Gericht gestellt, wobei er sich in Ausflüchte und Widersprüche verstrickt. Vor den Augen des sensationsgierigen Publikums weist der Staatsanwalt nach, daß Donat zur Tatzeit in München war und dringend Geld brauchte. Dem undurchsichtigen Angeklagten wird Mord aus Habgier vorgeworfen. Doch Mingo will jeden Justizirrtum vermeiden und beginnt dem von ihr Angeklagten zu helfen – und ihn zu lieben. Da gelingt es dem Verteidiger, Dr. Fein, seinen Klienten aus der Reserve zu holen. Tief erschüttert vernimmt das Gericht die Leidensgeschichte der krebskranken Agnes Donat, die ihr Ex-Mann aus Liebe von dem schmerzvollen Endstadium erlöste.

Und wenn's auch Sünde wär
(siehe: Cuba Cabana)

Das unsterbliche Antlitz (A 1947)
R: Géza von Cziffra; B: Géza von Cziffra b/a seinem Drama;
K: Ludwig Berger; M: Alois Melichar.
D: Marianne Schönauer (Anna Risi), O. W. FISCHER (Anselm Feuerbach), Helene Thimig (Henriette Feuerbach), Siegfried Breuer (Fürst Catti), Attila Hörbiger, Dagny Servaes, Heinrich Ortmayr, Fritz Gehlen, Till Hausmann, Ditta Dunah, Erik Frey, Erich Ziegel, Karl Fernbach, Ernst Waldbrunn, Monika Peters, Erik Walter.
P: Cziffra. 90 Min., s/w, ab 16.
UA: 2.9.1949 Wuppertal.
Biographie des zwischen klassizistischem Idealismus und kritischem Zynismus schwankenden Malers Anselm Feuerbach. Innerlich von reizbarer Leidenschaft getrieben, vollbringt der deutsche Maler in der zweiten Hälfte des 19. Jahrhunderts ausnehmend ruhige, klare Bilder, die aber nichtsdestotrotz Anstoß in der bürgerlichen Welt erregen. Nur in seiner italienischen Wahlheimat findet der Spätromantiker das erforderliche Arbeits- und Liebesglück, vereint in seiner römischen Muse Anna »Nanna« Risi. Für seine Meisterwerke »Iphigenie« und »Lucrezia Borgia« steht sie Modell und gibt sich ihm in großer Liebe hin. Doch Feuerbachs Stiefmutter redet Anna ein, sie würde seiner akademischen Karriere im Wege stehen. Selbstlos gibt Anna dem Werben des Fürsten Catti nach und verläßt den Maler. Feuerbach folgt der von Henriette überbrachten Berufung als Professor an die Akademie in Wien, ohne dort jemals glücklich zu werden.

Verlorenes Rennen (Du darfst mich nicht verlassen) (A 1948)
R: Max Neufeld; B: Curt J. Braun; K: Willy Sohm, Hans Staudinger; M: Frank Fox.
D: Elfe Gerhart (Konstanze), O. W. FISCHER (Robert Rimml), Curd Jürgens (George Miller), Anni Hartmann, Rudolf Brix, Iwan Petrovich, Melanie Horeschowsky, Gandolf Buschbeck, Christian Möller.
P: Berna, Donau. 100 Min., s/w, ab 12.
UA: 20.12.1948.

Dreiecksgeschichte aus dem Pferdesportmilieu. Zwei Trabrennfahrer, der Österreicher Robert Rimml und der Schotte George Miller, verlieben sich 1937 in Paris in dieselbe Frau, die Modezeichnerin Konstanze, die bald den einen, dann wieder den anderen erhört. Die Jahre vergehen, der Krieg trennt die Sportkameraden und verändert sie. George kommt in Kriegsgefangenschaft, während Robert Konstanze wiedertrifft und ihr uneigennützig in der Not hilft. Aus Dankbarkeit heiratet sie Robert, da kehrt George als Kriegsgefangener in ihr Leben zurück. Trotz der erneut zwischen George und Konstanze entbrannten Leidenschaft schützt Robert George vor der Gestapo und muß dafür zum Volkssturm, wo er Erschütterndes erlebt. 1947 begegnen sie sich wieder, und Konstanze weiß inzwischen, daß sie zu ihrem Mann, zu Robert, gehört.

»Verträumte Tage« verbringt die von ihrem Mann umsorgte depressive Maja (Angela Schmid) mit dem feschen Bergsteiger (O. W. Fischer).

Verträumte Tage (L'aiguille rouge/Die anderen Tage)
(BRD/F 1950/51)
R: Emile Edwin Reinert; B: Johannes Mario Simmel, Emile Edwin Reinert, Erich Kröhnke b/a Vicki Baums Novelle »Das Joch«; K: André Bac, Bertl Höcht; M: Joe Hajos.
D: Aglaja Schmid (Maja), O. W. Fischer (Florian Faber), Axel von Ambesser, Josef Sieber, Claude Marys.
P: Alcina. 78 Min., ab 16.
UA: 7.6.1951.
Melodramatische Dreiecksgeschichte in eindrucksvoller Naturkulisse. Der Aufenthalt in einem Alpengasthof soll die übersensible, psychisch labile Maja vor der Unbill der Welt schützen. Sie fühlt sich aber von ihrem fürsorgenden Gatten lebendig eingemauert und giert nach dem Leben. Der Bergsteiger Florian Faber macht auf dem Weg zum Gipfel in dem Gasthof Station und weckt ihre Lebenslust. Der Wirt will Majas Seitensprung unterbinden und treibt Florian zum Aufbruch. Indes folgt Maja Florian in die Berge. Nach glücklichen Stunden in einer Almhütte kehrt sie zurück, während er den Gipfel erklimmt, wo ihn der Blitz zerschmettert.

Vieni dolce morte
(siehe: Liebesvögel)

Das weite Land
(siehe unter Fernsehspiele)

Whirlpool (Die schwarze Lorelei) (GB 1959)
R: Lewis Allen; B: Lawrence P. Bachmann b/a seinem Roman; K: Geoffrey Unsworth; S: Russel Lloyd; M: Ron Goodwin.
D: O. W. Fischer (Rolf), Juliette Gréco (Lora), William Sylvester (Hermann), Marius Goring (Georg), Muriel Pavlow (Dina), Richard Palmer (Derek), Peter Illing (Braun), Geoffrey Bayldon (Wendel), Lilly Kann (Frau Steen), Harold Kasket (Stiebel), Victor Brooks (Bootsmann), Arthur Howell (Pilot).
P: Rank. 95 Min., Eastmancolor, ab 12.
UA: 11.9.1959.
Thriller um eine Verfolgungsjagd in der romantischen Rheinlandschaft. In einem halbkriminellen Leben an Hermanns Seite ist Lora

verbittert, nachgerade zynisch geworden. Doch als der kleine Ganove bei einem Streit ein Opfer seiner Betrügereien ersticht, gerät die sonst so Abgebrühte in Panik. Während Hermann auf dem Landweg flüchtet, folgt sie ihm nicht wie verabredet, sondern setzt sich auf einem Rheinfrachter in die Gegenrichtung ab. Wie die Lorelei betört sie die Schiffer um Kapitän Rolf und droht sie ins Verderben zu ziehen. Denn Kommissar Braun hat sie an Bord ausfindig gemacht und benutzt sie als Köder. Tatsächlich kehrt Hermann zurück, um die ehemalige Geliebte und gefährliche Mitwisserin zu stellen und selber mit dem Schiff zu entkommen. Allen Polizeivorkehrungen zum Trotz kapert der Mörder das Schiff und unterliegt dem Kapitän in einem tödlichen Zweikampf, während ringsumher am Ufer weinselig gefeiert wird. Lora muß nach einem liebestrunkenen, allerletzten Abschiedskuß von Rolf ins Gefängnis. Sie wird zurückkehren.

Wien 1910 (D 1942)
R: E. W. Emo; B: Gerhard Menzel; K: Hans Schneeberger; M: Willy Schmidt-Gentner.
D: Rudolf Forster (Dr. Karl Lueger), Carl Kuhlmann (Kommerzialrat), Lil Dagover (Marie von Anschütz), Heinrich George (Georg Ritter von Schoenerer), Herbert Hübner (Jüdischer Journalist), O. W. Fischer, Otto Treßler, Heinrich Heilinger, Harry Hardt, Alfred Neugebauer, Auguste Pünkösdy, Rosa Albach-Retty, Eduard Köck, Karl Hellmer, Erik Frey, Kurt von Lessen, Ekkehard Arendt, Arthur von Duniecki, Georg Lorenz, Ernst Nadherny, Hans Unterkircher, Josef Stiegler, Gisela Wilke.
P: Wien-Film, s/w.
UA: 26.8.1943 Berlin.
Hetzerischer Propagandafilm um die Führerqualitäten des Wiener Bürgermeisters Dr. Karl Lueger. Nach Abkehr von den Liberalen gründet Lueger die christlich-soziale Bewegung und bewährt sich als hervorragender Ökonom. An seinen drei letzten Lebenstagen im März 1910 sieht man den Vater des modernen Wiens, bei seinem Kampf gegen Juden, Sozialisten und Plutokraten. Ein kleiner Hitler-Vorläufer, der allen Anfeindungen widersteht, aber auch mit dem Kopf der österreichischen Alldeutschen, Georg Ritter von Schoenerer, aneinandergerät.

Der Wind hat meine Existenz verweht
(siehe: Hin und Her)

Zwei Herzen in Alt-Heidelberg
(siehe: Heidelberger Romanze)

Fernsehspiele

Amouren (BRD 1972)
R: Korbinian Köberle, B: Noël Coward; K: Klaus Günther; M: Carlos Diernhammer.
D: O. W. Fischer (Garry Essendine), Johanna Matz (Liz Essendine), Doris Gallart (Joanna Lypiatt), Liane Hielscher (Monica Redd), Claudia Rieschel (Daphne Stillington), Gefion Helmke (Lady Saltburn), Ingeborg Lapsien (Miß Erikson), Alexander Hegarth (Morris Dixon), Ernst Lothar (Henry Lypiatt), Manfred Seipold (Fred), Erich Hermann Schleyer (Roland Maule).
P: ZDF, 110 Min., farbig.
UA: 22.10.1972 ZDF.
Boulevardkomödie um einen alternden Schauspieler, der die Geister, die er rief, nicht mehr loszuwerden scheint. Garry Essendines magische Anziehungskraft kennt keine Grenzen, und als sich der Bühnenstar zu einer Afrika-Tournee entschließt, will ihm ein ganzer Verehrertroß folgen: Frau, Freundinnen und Fans, die der Gentleman daheim in England mit einem charmant improvisierten Organisationsgewirbel gleichzeitig zu beglücken wußte. Das droht wohl auf der Reise nicht so friedvoll zu funktionieren. Zu aller Liebeslast platzt ihm auch noch ein vergammelter Jungautor ins Haus, der dem eleganten Snob heftig zusetzt und ihn auch nach Afrika begleiten will. Bekehrt läßt Essendine dieses Tollhaus hinter sich und reist, allein mit seiner verständnisvollen Frau Liz, in eine ruhigere Zukunft.

Die Fliege und der Frosch (BRD 1970)
R: Wolf Dietrich; B: Jack Russel; K: Alois Nitsche.
D: O. W. Fischer (Gabriel), Renate Roland (Mädchen), Hanne Wieder (Madame Roo), Walter Tschernich (Mario), Christian Reiner (Tepich).
P: ZDF. 90 Min., farbig.

UA: 23.1.1971 ZDF.
Romanze um ein ungleiches Paar, das ein Unfall für nur einen Abend zusammenführt. Mit dem Hochmut der aufgeblasenen, pompösen Oberschicht führt Sir Gabriel Kantara ein selbstzufriedenes Leben, aus dem ihn ein burschikoses Mädchen reißt. Als sein Rolls-Royce ihr Motorrad – ohne auch nur anzuhalten – demoliert, setzt sie ihm sofort hinterher und verfolgt ihn bis nach Hause. An der Pforte wird sie zu ihrer Empörung an die Versicherung verwiesen. Aufgebracht dringt sie durch ein Fenster in das Anwesen ein und verlangt von Sir Gabriel Schadensersatz. Er weist den vermeintlichen Jungen kaltschnäuzig ab. Erst im Laufe des Abends kommen sich die beiden näher und speisen zusammen. Zärtlich weiht sie ihn in die Realitäten des Alltags ein, bevor sie wie ein unschuldiger Traum wieder aus seinem Leben verschwindet.

Ein Glas Wasser (BRD 1976)
R: Wolfgang Glück; B: Wolfgang Glück b/a Augustin Eugène Scribes Drama; K: Alois Nitsche; M: Hermann Thieme.
D: Susanne Uhlen (Königin Anna), Maria Becker (Herzogin von Marlborough), O. W. FISCHER (Lord Bolingbroke), Oliver Tobias (Masham), Silvia Manas (Abigail), Romuald Pekny (Marquis de Torcy), Helmut Pick (Thompson), Eva Petrus (Lady Albermarle).
P: ZDF. 95 Min., farbig.
UA: 16.1.1977 ZDF.
Respektlos-ironische Komödie um Intrigen und Ränke am englischen Hof Anfang des 18. Jahrhunderts. Mit List und Tücke manipuliert die Herzogin von Marlborough die junge Königin Anna und fördert den unsinnigen Krieg mit Frankreich. Ihren Meister findet die Herzogin in einem verschuldeten und versoffenen Journalisten, der durch eine glückliche Erbschaft zum Lord Bolingbroke wird. Am Hofe entdeckt er das Anna und der Herzogin gemeinsame Interesse für den Gardeoffizier Masham und spielt sie in dieser Herzensgeschichte mit Ranküne gegeneinander aus. Der naive Masham ahnt in seiner Liebe zu Abigail nichts von den hochgestellten Verehrerinnen und dient Bolingbroke nur als Köder für einen Doppelskandal, an dessen Ende die Herzogin entmachtet und Bolingbroke regierender Minister wird. Seine erste Amtshandlung ist die Einleitung von Friedensverhandlungen.

Herbst in Lugano (BRD 1988)
R: Ulli Stark; B: Michael Baier, Thomas Kubisch; K: Michael Marszalek; S: Jochen Hessel; M: Birger Heymann.
D: O. W. Fischer, Maria Schell, Liselotte Pulver, Isolde Barth, Gunnar Möller.
P: NDF. 67 Min., farbig.
UA: 9.10.1988 ZDF.
Drei herbstliche Episoden im Tessin: Ein todkranker Pianist kehrt zu einem Abschiedskonzert und seiner großen Liebe nach Lugano zurück. Ein exzentrischer Philosoph bekehrt eine junge rachsüchtige Journalistin. Und schließlich eine Gaunergeschichte um ein Rentnerpaar, das andere und sich gegenseitig aufs Kreuz legt.

Der Tag des Krähenflügel (A 1970)
R: Franz Josef Wild; B: Lida Winiewicz.
D: O. W. Fischer (Niccolò Machiavelli), Klaus Maria Brandauer (Capponi), Leonard Steckel (Marcello), Günther Haenel (Peppino).
P: ORF. 47 Min.
UA: 26.4.1970 ORF 1.
Historisches Kammerspiel um den Machtpolitiker Niccolò Machiavelli, der den eigenen Theorien zum Opfer fällt. In seiner Glanzzeit als Chef der regierenden »Kanzlei der Zehn« entwickelt Machiavelli in Florenz unter dem Titel »Il Principe« Spielregeln politischer Macht. Mit dem Ende der Republik 1513 gelangen die Medici zur Herrschaft im Stadtstaat und kerkern Machiavelli ein. Vergeblich befragt ihn Staatssekretär Marcello nach dem Verbleib aller Abschriften seiner Lehre von der schonungslosen Anwendung der Macht. Da tritt Folterknecht Peppino auf den Plan und läßt den großen Theoretiker am eigenen Leib die Unbarmherzigkeit seiner Thesen spüren. Nur eine Generalamnestie anläßlich der Papstwahl befreit Machiavelli aus der peinlichen Befragung.

Teerosen (BRD 1976/77)
R: Rolf von Sydow; B: Lotte Ingrisch; K: Helmut Stoll; M: Alexander Steinbrecher.
D: Maria Schell (Bella), O. W. Fischer (Dominik), Ulli Philipp (Teddy), Wolfgang Hoeper (Alban), Jan Niklas (Theodor).

P: SWF. 75 Min., farbig.
UA: 22.2.1977 ARD.
Melancholische Komödie um einen Reigen sich begegnender und sich wieder verlassender Partner. Nach Bellas Trennung von dem souveränen Patriarchen Dominik driftet auch ihre zweite Ehe mit dem exzentrischen Wissenschaftler Alban ins Unglück. Der Salonkommunist will sich von der Mutter scheiden lassen, um Teddy, ihre Tochter aus erster Ehe, heiraten zu können. Ganz Dame, will sich Bella darauf neuen Aufgaben widmen und findet keine. So schön, so unnütz wie eine Teerose, welkt sie vor sich hin. Der Arzt Theodor soll ihr helfen und hat Erfolg, indem er ihre Liebe weckt. Doch der junge Idealist und Träumer ist nichts von Dauer, der Reigen setzt sich fort und bringt Theodor und Teddy zusammen. Bella findet sich dagegen ihrem ersten Mann wieder gegenüber, der als einziger die Galanterie beherrscht, Damen wie Bella richtig zu behandeln.

Transplantation (BRD 1969)
R: Rolf Busch; B: Maria Fuss b/a Oldrich Daneks Hörspiel »Dialog am Vorabend einer Gerichtsverhandlung«; K: Klaus Günther.
D: O. W. Fischer (Prof. Kalas), Horst Tappert (Staatsanwalt), Christine Wodetzky (Schwester Wolkowa), Norbert Hansing (Dr. Pavel), Joachim Wichmann (Dr. Malek), Josef Fröhlich (Dr. Bergmann), Edith Hieronimus (Frau Dr. Kalas), Liselotte Quilling (Frau Lisitzka), Dieter Brammer (Assossor Smocek), Mela Marchand (Frl. Tscherkova), Gernot Duda (Jaromir Lisitzky).
P: ZDF. 80 Min., s/w.
UA: 21.11.1969 ZDF.
Dialektisches Kammerspiel um die Grenzbereiche moralischer Verantwortung. Zur Rettung eines schwerkranken Patienten benötigt Professor Kalas dringend eine Spenderniere. Da wird ein Unfallopfer mit lebensgefährlichen Hirnverletzungen in seine Klinik eingeliefert, im Stadium zwischen Hirn- und biologischem Tod. Die Zeit drängt, es geht um Leben und Tod, der Professor nimmt die Transplantation am noch Sterbenden vor, ohne dessen Angehörige befragen zu können. Der Bruder des Verstorbenen erhebt daraufhin Anklage. Unter Berücksichtigung jedes nur denkbaren Vor- und Einwands untersucht ein Staatsanwalt den Fall. Am Vorabend der Verhandlung trifft er sich noch ein letztes Mal mit dem Professor, um die

Nach einer vorschnellen »Transplantation« sieht sich der Chirurg (O. W. Fischer) einem ermittelnden Staatsanwalt ausgesetzt.

juristische und moralische Schuld einzugrenzen. Mag auch eine rechtliche Wertung den Professor eindeutig belasten, so beruft sich der erfahrene Arzt auf den schmalen Bereich beruflicher Kompetenz, der nur seinem Gewissen unterliegt.

Das weite Land (Das Leben beginnt morgen) (ORF 1969/70)
R: Peter Beauvais; B: Peter Beauvais b/a Arthur Schnitzlers Drama;
K: Hannes Staudinger; S: Annemarie Reisetbauer.
D: O. W. FISCHER (Friedrich Hofreiter), Ruth Leuwerik (Genia Hofreiter), Walter Reyer (Dr. Mauer), Sabine Sinjen (Erna Wahl), André Heller (Gustl Wahl), Michael Heltau (Otto von Aigner), Helmut Qualtinger (Natter), Grete Zimmer (Frau Meinhold-Aigner), Fred Liewehr (Dr. von Aigner), Eva Kerbler (Adele Natter), Nina Sandt (Frau Wahl), Christian Futterknecht (Paul Kreindl), Guido Wieland (Rosenstock), Günther Bauer (Demeter Stanzides), Eduard Rothe (Albertus Rhon), Bibiana Zeller (Frau Rhon), Monika Pöschl (Kathi), Hellmuth Hron (Dr. Meyer), Raoul Retzer (Führer Pen), Karl Schellenberg (von Serkenitz).
P: Vienna. 105 Min., farbig, ab 16.
UA: 29.3.1970 ORF 2.
Tragikomödie um ein Paar der feinen Wiener Gesellschaft. Der Fabrikant und Erfinder Friedrich Hofreiter ist kein Freund süßer Sentimentalitäten. Er liebt seine Frau Genia, betrügt sie aber aus einem aufklärerischen Pflichtgefühl heraus bei jeder sich bietenden Gelegenheit. Unsittlichkeit ist für ihn ein Gebot der modernen Zeit. Um so mehr berührt es ihn, als er vom Freitod eines jungen Russen hört, den seine Frau nicht erhören wollte. Diese Sittenstrenge irritiert ihn, und mit Erfolg überträgt er sein Gedankengut auf Genia. Während er die junge Erna Wahl verführt, erliegt seine Frau dem Werben des Leutnants von Aigner. Doch selbst die morbide Endzeit-Gesellschaft mißt mit zweierlei Maß. Während Hofreiters Liebeleien toleriert werden, verstößt Genias Seitensprung gegen den Konsens. Beharrlich wie bei seinen erotischen Eskapaden erfüllt Hofreiter auch diesmal die gesellschaftlichen Erwartungen und fordert den Leutnant zum Duell.

Weitere Fernsehauftritte

Alles oder nichts (BRD 1986)
UA: 28.1.1986 ARD.
Zum Thema »Hans Moser« begrüßt Max Schautzer O. W. FISCHER als Gast.

Auferstehung in Lugano (BRD 1986)
UA: 14.6.1986 ZDF.
Interview von Holde Heuer mit O. W. Fischer.

Berlin-Melodie (BRD 1963)
UA: ZDF 1963.
Showprogramm zwischen Zille-Ball und Jazzlokal mit Sari Barabas, Maria Blaue, Monika Dahlberg, Bully Buhlan, Berta Drews, O. W. Fischer, Walter Gross, Edith Hancke, Curd Jürgens, Hildegard Knef, Theo Lingen, Rudolf Schock, Grethe Weiser.

Das Gästebuch von RTL-plus (LUX 1986)
UA: 23.12.1986 RTL-plus.
Rückblick auf O. W. Fischer, Dagmar Koller und andere prominente Zeitgenossen, die 1986 bei RTL-plus zu Gast waren.

Hundert Jahre Hollywood (BRD 1987)
UA: 15.2.1987 ARD.
Jubiläumssendung mit einer Anmoderation von Hans-Jürgen Rosenbauer, unterstützt durch den Studiogast O. W. Fischer.

Das Künstlerporträt (BRD 1959)
UA: 30.5.1959.
Folge mit O. W. Fischer im Gespräch und Ausschnitten seiner Filme *Helden*, *Ludwig II.* und *Hanussen*.

NDR-Talkshow (BRD 1986)
UA: 7.2.1986 NDR.
O. W. Fischer als Gast.

Die Rückkehr des O. W. Fischer (BRD 1968)
UA: 26.5.1968 ZDF.
»Porträt eines ungewöhnlichen Mannes« von Reinhart Hoffmeister.

Transeamus (BRD 1986)
UA: 21.12.1986 ZDF.
Aufzeichnung der Gala am 4.12.1986 im Münchner Cuvilliéstheater zugunsten der Multiple-Sklerose-Hilfe mit O. W. Fischer, José Carreras, Grace Bumbry.

O. W. Fischer in der Paraderolle des kriegsmüden Bluntschli in Shaws »Helden«.

Treffpunkte (BRD 1976)
UA: 17.3.1976 ARD.
Anläßlich der Dreharbeiten zum Fernsehspiel *Teerosen* hält das Unterhaltungsmagazin mit dem wiedervereinten Traumpaar O. W. Fischer und Maria Schell Rück- und Vorschau.

Auswahl der Bühnenrollen

Anna Karenina
Nach Leo Tolstoi von N. D. Wolkow.
Akademietheater Wien. R: Adolf Rott.
O. W. Fischer als *Wronski*.
Pr: 30.10.1948.

Baron Trenck der Pandur
Schauspiel von Otto Emmerich Groh.
Deutsches Volkstheater Wien. R: Otto Emmerich Groh.
O. W. FISCHER als *Franz Freiherr von Trenck*.
Pr: 1940.

Cäsar und Cleopatra
Historie von George Bernard Shaw.
Burgtheater Wien. R: Josef Gielen.
O. W. FISCHER als *Apollodorus*.
Pr: 25.3.1951.

Dantons Tod
Drama von Georg Büchner.
Burgtheater Wien. R: Adolf Rott.
O. W. FISCHER als *Saint-Just*.
Pr: 30.4.1947.

Demetrius
Drama von Friedrich Hebbel.
Deutsches Volkstheater Wien. R: Walter Ullmann.
O. W. FISCHER als *Demetrius*.

Ehe
Komödie von Janos von Vaszary.
Theater in der Josefstadt Wien. R: Paul Kalbeck.
O. W. FISCHER als *Neuhold*.
Pr: 29.9.1936.

Elisabeth von England
Schauspiel von Ferdinand Bruckner.
Burgtheater Wien. R: Josef Gielen.
O. W. FISCHER als *Graf von Essex*.
Pr: 8.1.1949.

Emilia Galotti
Tragödie von Gotthold Ephraim Lessing.
Burgtheater Wien. R: Josef Gielen.

O. W. Fischer als *Prinz von Guastalla*.
Pr: 10.5.1951.

Der erste Frühlingstag
Lustspiel von Dodie Smith.
Theater in der Josefstadt Wien. R: Paul Kalbeck.
O. W. Fischer ab 20.4. als *Alistair Brown*.
Pr: 7.4.1936.

Die Frage an das Schicksal
Schauspiel von Arthur Schnitzler.
Burgtheater Wien. R: Karl Eidlitz.
O. W. Fischer als *Anatol*.
Pr: 7.9.1946.

1945 kehrt O. W. Fischer auf die Wiener Bühnenbretter zurück.

Der Gesang im Feuerofen
Drama von Carl Zuckmayer.
Burgtheater Wien. R: Josef Gielen.
O. W. FISCHER als *Dorfkaplan*.
Pr: 16.1.1951.

Gespenster
Familiendrama von Henrik Ibsen.
Akademietheater Wien. R: Lothar Müthel.
O. W. FISCHER als *Oswald*.
Pr: 4.3.1946.

Der Gigant
Drama von Richard Billinger.
Kammerspiele München. R: Otto Falckenberg.
O. W. FISCHER als *Tony*.
Pr: 23.12.1937.

Ein Glas Wasser
Komödie von Augustin Eugène Scribe.
Schweizer Tournee-Theater. R: Richard Binder.
O. W. FISCHER als *Lord Bolingbroke*.
Pr: 1972.

Happy
Komödie von Bella und Samuel Spewack.
Theater in der Josefstadt Wien. R: Hans Thimig, Maximilian Schulz.
O. W. FISCHER als *junger Mann*.
Pr: 15.5.1936.

Helden
Komödie von George Bernard Shaw.
Tournee.
O. W. FISCHER als *Bluntschli*.
Pr: 1971.

Herbert Engelmann
Drama von Gerhart Hauptmann, bearbeitet von Carl Zuckmayer.
Akademietheater Wien. R: Berthold Viertel.

O. W. Fischer als *Herbert Engelmann*.
Pr: 8.3.1952.

Die infernalische Maschine
Schauspiel von Jean Cocteau.
Akademietheater Wien. R: Karl Eidlitz.
O. W. Fischer als *Ödipus*.
Pr: 1.2.1947.

Die Jüdin von Toledo
Historische Tragödie von Franz Grillparzer.
Theater in der Josefstadt Wien. R: Ernst Lothar.
O. W. Fischer als *Reinero*.
Pr: 10.2.1937.

Julius Caesar
Tragödie von Shakespeare.
Burgtheater Wien. R: Josef Gielen.
O. W. Fischer aushilfsweise als *Oktavian*.
Pr: 19.3.1949.

Die Jungfrau von Orleans
Romantische Tragödie von Friedrich von Schiller.
Deutsches Volkstheater Wien.
O. W. Fischer als *Lionel*.

Jupiter lacht
Ärztedrama von A. J. Cronin.
O. W. Fischer als *Paul Venner*.
a) Akademietheater Wien. R: Ewald Balser.
   Pr: 12.1.1951.
b) Tournee.
   Pr: 1971.

Einen Jux will er sich machen
Posse von Johann Nepomuk Nestroy.
Deutsches Volkstheater Wien. R: Leon Epp.
O. W. Fischer als *August Sonders*.

Die kluge Wienerin
Komödie von Friedrich Schreyvogl.
Deutsches Volkstheater Wien.
O. W. FISCHER als *Legat Pallus*.
Pr: 1942.

König Ottokars Glück und Ende
Tragödie von Franz Grillparzer.
Deutsches Volkstheater Wien.
O. W. FISCHER als *Zawisch Rosenberg*.

Die Königin
Komödie von Laszlo Lakatos.
Theater in der Josefstadt Wien. R: Hans Thimig.
O. W. FISCHER als *Karachan*.
Pr: 18.2.1936.

Liebelei
Schauspiel von Arthur Schnitzler.
a) Theater in der Josefstadt Wien.
   O. W. FISCHER als *Fritz*.
   Pr: 1936.
b) Burgtheater Wien. R: Karl Eidlitz.
   O. W. FISCHER als *ein Herr*.
   Pr: 9.3.1946.

Monsignores große Stunde
Schauspiel von Emmet Lavery.
Theater in der Josefstadt Wien. R: Ernst Lothar.
O. W. FISCHER ab 14.11. als *amerikanischer Rechtsanwalt*.
Pr: 6.11.1936.

Das Paradies
Komödie von André Birabeau.
Theater in der Josefstadt Wien. R: Paul Kalbeck.
O. W. FISCHER ab 25.3. als *Maréchal*.
Pr: 9.3.1937.

Die Räuber
Tragödie von Friedrich von Schiller.
Deutsches Volkstheater Wien.
O. W. FISCHER als *Kosinsky*.

Das schöne Abenteuer
Komödie von Gaston de Caillavet und Robert de Flers.
Kammerspiele München. R: O. E. Hasse.
O. W. FISCHER als *Verführer*.
Pr: 13.1.1938.

Der Schwierige
Lustspiel von Hugo von Hofmannsthal.
O. W. FISCHER als *Graf Brühl*.
a) Salzburger Festspiele. R: Rudolf Steinboeck.
 Pr: Juli 1967.
b) Schweizer Theatergastspiel. R: Friedrich Kallina.
 Pr: 4.1.1968.

Theophanes
Komödie von Theo Lingen und Franz Gribitz.
Akademietheater Wien. R: Theo Lingen.
O. W. FISCHER als *Gajus Julius Caesar*.
Pr: 3.4.1948.

Der Trojanische Krieg findet nicht statt
Schauspiel von Jean Giraudoux.
Theater in der Josefstadt Wien. R: Ernst Lothar.
O. W. FISCHER als der junge *Troilus*.
Pr: 6.11.1936.

Was ihr wollt
Komödie von William Shakespeare.
O. W. FISCHER als *Orsino*.
a) Salzburger Festspiele. R: Josef Gielen.
 Pr: August 1950.
b) Burgtheater. R: Josef Gielen.
 Pr: 6.9.1950 (O. W. Fischer ab 1951).

Was schert uns Geld
Komödie von Frederick Lonsdale.
Akademietheater Wien. R: Ulrich Bettac.
O. W. Fischer als *David*.
Pr: 14.1.1952.

Weihnachtseinkäufe
von Arthur Schnitzler.
Burgtheater Wien. R: Karl Eidlitz.
O. W. Fischer als *Anatol*.
Pr: 9.3.1946.

Der zweiköpfige Adler
Schauspiel von Jean Cocteau.
Burgtheater Wien. R: Ulrich Bettac.
O. W. Fischer als *Stanislaw*.
Pr: 3.3.1950.

Schallplatte

O. W. Fischer liest aus seinen Werken (1969)

Auszeichnungen

1950 Donauweibchen.
1951 Donauweibchen.
1953 Bambi.
1954 Bambi.
1955 Bambi.
    Filmband in Silber für *Ludwig II*.
1956 Silberne Muschel beim Internationalen Festival von San Sebastian für *Ich suche dich*.
    Preis der spanischen Filmautoren für das beste Drehbuch beim Internationalen Festival von San Sebastian für *Ich suche dich*.
1958 Bambi.

O. W. Fischer mit dem ihm 1955 für seine Rolle in »Ludwig II.« verliehenen Filmband in Silber.

1959 Bambi.
 Filmband in Gold für *Helden*.
 Preis der Deutschen Filmkritik für *Helden*.
1960 Bambi.
 Goldener Otto.
 Goldenes Verdienstkreuz für Wissenschaft und Kunst der Republik Österreich.

1961 Europa-Preis in Gold für *Riesenrad*.
     Bambi.
1970 Österreichischer Professor h. c.
1977 Filmband in Gold für langjähriges und hervorragendes Wirken im deutschen Film.
     Ehrenmitgliedschaft der Vereinigung spanischer Filmjournalisten.
1980 Großes Verdienstkreuz der BRD.
1987 Bambi.
     Cordon Bleu Du Saint Esprit.

Bibliographie

Bücher von O. W. Fischer

Auferstehung in Hollywood. Wien 1985.
Engelsknabe war ich keiner – Erinnerungen an eine Jugend. München/Wien 1986.
Erklärung der Allhypnosetherapie. 1968.
Was mich ankommt, als Gesicht, Traum und Empfindung – Das denkwürdigste Interview. Zürich 1977.

Literaturhinweise

Alth, Minna von/Obzyna, Gertrude: Burgtheater 1776–1976. Wien 1979.
Ball, Gregor: Curd Jürgens. München 1982.
–/Spiess, Eberhard: Heinz Rühmann und seine Filme. München 1982.
Bandmann, Christa: Es leuchten die Sterne – Aus der Glanzzeit des deutschen Films. München 1979.
Barthel, Manfred: So war es wirklich – Der deutsche Nachkriegsfilm. München 1986.
Bauer, Dr. Alfred: Deutscher Spielfilm-Almanach. Berlin 1950.
Bawden, Liz-Anne/Tichy, Wolfram: Buchers Enzyklopädie des Films. Luzern/Frankfurt 1977.
Bock, Hans-Michael (Hrsg.): CineGraph – Lexikon zum deutschsprachigen Film. München 1984 ff.
Borgelt, Hans: Grethe Weiser. München 1983.
Brandlmeier, Thomas: Filmkomiker. Frankfurt 1983.
– (Hsrg.): nicht mehr fliehen – Das Kino der Ära Adenauer. München 1981.
Brauner, Atze: Mich gibt's nur einmal. München/Berlin 1976.
Brüne, Klaus: Handbuch der katholischen Filmkritik. Düsseldorf/Köln 1958–1971.
–: Lexikon des Internationalen Films. Reinbek 1987.
Cadenbach, Joachim: Hans Albers. Frankfurt/Berlin/Wien 1983.
Cornelsen, Peter: Helmut Käutner. München 1980.
Cziffra, Géza von: Es war eine rauschende Ballnacht. München/Berlin 1985.
–: Kauf dir einen bunten Luftballon. München/Berlin 1975.
Dachs, Robert: Willi Forst. Wien 1986.
Deutsches Bühnenjahrbuch. Berlin 1936 ff./Hamburg 1949 ff.
Drewniak, Boguslaw: Der deutsche Film 1938–1945. Düsseldorf 1987.

Eser, Willibald: Theo Lingen – Komiker aus Versehen. München/Wien 1986.
Fischer, Robert/Hembus, Joe: Der Neue Deutsche Film 1960–1980. München 1982.
Frank, Horst: Leben heißt leben. München/Berlin 1981.
Fritz, Walter: Kino in Österreich 1945–1983. Wien 1984.
Gréco, Juliette: Ich bin, die ich bin. Bern/München/Wien 1982.
Heinzlmeier, Adolf/Schulz, Berndt/Witte, Karsten: Die Unsterblichen des Kinos – Glanz und Mythos der Stars der 40er und 50er Jahre. Frankfurt 1980.
Hembus, Joe: Der deutsche Film kann gar nicht besser sein. München 1981.
–/Bandmann, Christa: Klassiker des deutschen Tonfilms 1930–1960. München 1980.
Holba, Herbert: Illustrierter Film-Kurier 1919–1944. Ulm 1977.
–: Reclams deutsches Filmlexikon. Stuttgart 1984.
–/Blobner, Helmut: O. W. F. – Phänomen einer schauspielerischen Persönlichkeit. Wien/Stuttgart/Basel 1964.
Huber, Hermann J.: Schauspieler-Lexikon der Gegenwart. München/Wien 1986.
Huesmann, Heinrich: Welt Theater Reinhardt. München 1983.
Jürgens, Curd: ... und kein bißchen weise. Locarno 1976.
Katz, Ephraim: The Film Encyclopedia. New York 1979.
Kreimeier, Klaus: Kino und Filmindustrie in der BRD. Kronberg 1973.
Petzet, Wolfgang: Theater – Die Münchner Kammerspiele 1911–1972. München 1973.
Riess, Curt: Das gibt's nur einmal. Hamburg 1958.
Schroth, Carl-Heinz: Keine Angst vor schlechten Zeiten. München/Berlin 1984.
Schell, Maria: Die Kostbarkeit des Augenblicks. München/Wien 1985.
Schumann, Uwe-Jens: Hans Albers. München 1980.
Sigl, Klaus (u. a.): Jede Menge Kohle? Kunst und Kommerz auf dem deutschen Filmmarkt der Nachkriegszeit. München 1986.
Spaich, Herbert: Maria Schell. München 1986.
Toeplitz, Jerzy: Geschichte des Films. Band 2, 1934–1945. München.
Uhlen, Gisela: Mein Glashaus. Bayreuth 1978.
Weinschenk, Harry E.: O. W. Fischer. Hamburg 1953.
Wendtland, Karlheinz: Geliebter Kintopp. Berlin 1987.
Wulf, Joseph: Theater und Film im Dritten Reich. Gütersloh 1964.

Zeitungen und Zeitschriften

Abendzeitung. München 1956–1988.
Film in Berlin. Berlin 1957/1959.

Filmkritik. Frankfurt 1957–1959.
Frankfurter Allgemeine Zeitung. Frankfurt 1959–1986.
Der Spiegel. Hamburg 1957–1988.
Treffpunkt Berlin. Berlin 1953.
Treffpunkt IFB. Berlin 1955–1956.
Variety. New York 1936–1968.

Film- und Dramenregister

A

A Tale of Five Cities 32, 47
Abschied von den Wolken 131, 155
Alles oder nichts 229
Der alte und der junge König 38
Amouren 151, 224
Anastasia 100
Die anderen Tage 222
Angst im Nacken 155
Anna Karenina 231
Anton der Letzte 22, 25, 156
Arms and the Man 118
Auferstehung in Lugano 230
Axel Munthe, der Arzt von San Michele 139, 141, 157

B

Baron Trenck, der Pandur 232
Die beiden Schwestern 32f, 160
Berlin-Melodie 230
Bildnis einer Unbekannten 75f, 88, 130, 160
Bis wir uns wiedersehen 48, 51, 56f, 59ff, 67, 161
Der Blaue Engel 69
Burgtheater 18, 25, 63, 162

C

Cäsar und Cleopatra 232
Cuba Cabana 56, 162f

D

Dantons Tod 41, 232
Das gab's nur einmal 164
Demetrius 23, 232
Diesmal muß es Kaviar sein 136, 164
Don Vesuvio und das Haus der Strolche 113, 159
Dr. Holl 56
Dr. Mabuse 69
Die Drei von der Tankstelle 75
Das dritte Auge 134
Du darfst mich nicht verlassen 220

E

Egmont 107
Ehe 232
Ein Glas Wasser 148, 151, 225, 234
Ein Herz spielt falsch 51, 67ff, 177
Eine Liebesgeschichte 69, 71, 183f
Einen Jux will er sich machen 235
El Hakim 110ff, 165, 167
Elisabeth von England 40, 232
Emil und die Detektive 75
Emilia Galotti 232
Der erste Frühlingstag 18, 233
Erzherzog Johanns große Liebe 48, 50, 166
Es kommt ein Tag 56
Es muß nicht immer Kaviar sein 136, 138, 140, 169

F

Der Fall Deruga 116
Faust 107
Die Fliege und der Frosch 151, 224
Die Frage an das Schicksal 233
Fräulein Figaro 169
Der Frosch mit der Maske 143
Frühstück im Doppelbett 141, 169f
Fünf Mädchen und ein Mann 213
5 Städte – 5 Mädchen 213

G

Gästebuch von RTL-plus, Das 230
Geh ins Bett, nicht in den Krieg 144, 196
Das Geheimnis der schwarzen Spinne 143
Das Geheimnis der schwarzen Witwe 171f
Geierwally 28
Der Gesang im Feuerofen 234
Geschichten aus dem Wienerwald 42
Gespenster 234
Der Gigant 22, 234
Glück unterwegs 32, 172

H

Haie und kleine Fische 96
Hanneles Himmelfahrt 107
Hanussen 70, 81–84, 94, 96, 173
Happy 18, 234
Der Hauptmann von Köpenick 75
Heidelberger Romanze 51, 53, 174
Heinrich Schliemann – ein deutsches Forscherschicksal 106
Helden 118f, 148, 175f, 231, 234
Herbert Engelmann 41, 234
Herbst in Lugano 57, 153, 226
Herrscher ohne Krone 10, 84, 90f, 93f, 98, 176
Hin und Her 41f, 82, 178
Hitlerjunge Quex 38
Hundert Jahre Hollywood 230

I

Ich hab mich so an dich gewöhnt 54, 179
Ich suche dich 51, 70, 72ff, 81, 84, 94, 180
Ignatius von Loyola 106
Das indische Grabmal 75
Die infernalische Maschine 235

J

Jeanne oder die Lerche 116
Juarez und Maximilian 44
Die Jüdin von Toledo 18, 235
Julius Caesar 235
Die Jungfrau von Orleans 235
Jupiter lacht 70, 235

K

Das Kabinett des Dr. Caligari 69
Die kluge Wienerin 29, 236
Komm süßer Tod 184
Der Kongreß tanzt 69, 75
König Ottokars Glück und Ende 236

Die Königin 236
Kühe am Bach 29
Das Künstlerporträt 230

L

Le resate di Gioia 126
Das Leben beginnt morgen 229
Die letzte Brücke 75
Das letzte Rezept 54, 181f
Leuchtende Schatten 32, 35, 44, 182
Liebelei 150, 236
Liebesvögel 144, 184f
Liebling der Welt 205
Lindenstraße 9
Ludwig II. – Glanz und Ende eines Königs 70, 78ff, 84, 96, 186, 239

M

Mädchen in Uniform 75
Märchen vom Glück 47, 55, 187
Der Marquis – der Mann, der sich verkaufen wollte 144, 188f
Mein Vater, der Schauspieler 85, 87ff, 94, 190f
Meine Tochter lebt in Wien 25f, 30, 191
Der Meineidbauer 24, 28, 192
Menschen im Hotel 9, 129, 193f
Metropolis 69
Mit Himbeergeist geht alles besser 134f, 194f
Monsignores große Stunde 236
My Man Godfrey (Mein Mann Gottfried) 96, 101, 104

N

Napoléon 57, 84, 196
NDR-Talkshow 230
Die Nibelungen 69

O

Ohm Krüger 38
Onkel Toms Hütte 144, 198f

P

Das Paradies 236
Peter Voss, der Held des Tages 95, 122f, 200
Peter Voss, der Millionendieb 118, 123, 202
Der Priester von Neapel 159

R

Die Räuber 237
Richard der Große 31
Der Richter und sein Henker 115
Das Riesenrad 57, 134, 139, 202, 204
Robert Koch 38
Rosen der Liebe 47, 49, 205
Die Rückkehr des O.W. Fischer 149, 230

S

Sag' endlich ja 36, 205
Scheidungsgrund Liebe 133f, 206f
Die schmutzigen Hände 116
Das schöne Abenteuer 22, 237
Schwarz gegen Blond 207
Die schwarze Lorelei 222
Der Schwierige 146ff, 237

Seine Hoheit darf nicht küssen 205
Shiva und die Galgenblume 37, 208
Sieben Briefe 35, 37, 208
Skandal in Ischl 108f, 112, 209
Solange Du da bist 20, 51, 57, 63ff, 90, 96, 210f
Sommerliebe 29ff, 211
Souvenir d'Italie 94
Spiel 212
Spiel mit dem Feuer 29
Spiel mit der Liebe 35, 212
Der Stern von Afrika 96
Der Student von Prag 106
Stunde der Bewährung 148

T

Der Tag des Krähenflügels 151, 226
Tagebuch einer Verliebten 57, 66f, 136, 213
Tausend rote Rosen blühn 55, 57, 214
Teerosen 57, 59, 151, 226
The Girl Most Likely 36
Theophanes 41, 237
Tom, Dick and Harry 36
Transeamus 230
Transplantation 151, 227f
Träum nicht, Annette 36
Traum vom Glück 187
Der träumende Mund 57, 61ff, 215
Treffpunkte 231
Trenck, der Pandur 23
Triumph der Liebe 42f, 216

Der Trojanische Krieg findet nicht statt 18, 237

U

Und das am Montagmorgen 126, 128, 217
…und nichts als die Wahrheit 116f, 218f
Und wenn's auch Sünde wär 162
Das unsterbliche Antlitz 32, 44f, 220

V

Der verlorene Traum 154
Verlorenes Rennen 46f, 220
Verträumte Tage 52f, 136, 221f

W

Was ihr wollt 237
Was mich ankommt, als Gesicht, Traum und Empfindung 153
Was schert uns Geld 238
Weihnachtseinkäufe 238
Das weite Land 149f, 229
Wen die Götter lieben 30
Whirlpool 125, 127, 222
Wien 1910 27, 29f, 223
Wilhelm Meister und Mignon 107
Der Wind hat meine Existenz verweht 178

Z

Zwei Herzen in Alt-Heidelberg 174
Der zweiköpfige Adler 238

Personenregister

A

Aimée, Anouk 70, 72
Albach-Retty, Rosa 27
Albers, Hans 35, 37f
Allyson, June 97, 99–102
Andrée, Ingrid 116f
Anzengruber, Ludwig 28
Arendt, Eddie 144
Aslan, Raoul 40
Auger, Claudine 185

B

Bahr, Hermann 108
Baky, Josef von 62, 67
Barker, Lex 99, 141
Barrymore, John 129
Barrymore, Lionel 129
Barthel, Manfred 30
Bartok, Eva 90, 138
Bauer, Heinrich 108
Baum, Vicki 129
Beauvais, Peter 150
Beer, Erica 191
Berger, Senta 137, 140
Bergman, Ingrid 100
Berneis, Peter 99
Bernhardt, Curtis 130
Billinger, Richard 22
Birgel, Willy 84, 94
Blume, Jochen 157
Böhm, Karlheinz 85, 94
Bois, Curt 106
Borchers, Cornell 102
Borelli, Don Mario 113f

Borsche, Dieter 56f, 59
Borsche, Uschi 56
Borsody, Eduard von 30
Brandauer, Klaus Maria 8, 82
Braun, Harald 63, 65, 90
Brauner, Atze 128–131, 136, 138f
Brecht, Bertolt 29
Bruckner, Ferdinand 40
Buchholz, Horst 90, 124f
Büchner, Georg 40
Burri, Emil 67

C

Casares, Ana 143
Cogan, Henri 122
Comencini, Luigi 126
Constantine, Eddi 119
Crawford, Joan 129
Cronin, Archibald Joseph 70
Cziffra, Géza von 31f, 34ff, 44

D

Daff, Al 88, 100ff
Dagover, Lil 27
Datzig, Elfriede 25
Delhaes, Waltraud 198
Desney, Ivan 108
Deutsch, Ernst 18
Dietrich, Marlene 99
Domin, Friedrich 22
Dongen, Frits van 61f
Dor, Karin 144
Duerer, Otto 108, 112f
Düringer, Annemarie 41

E

Egger, Inge 179
Emo, E.W. 25f, 28, 36
Engel, Erich 29
Exl, Ilse 24

F

Falckenberg, Otto 22
Ferrer, Mel 125
Fischer, Anna 39
Fischer, Franz Karl 12f
Fischer, Nanni 113, 134, 153
Flemming, Charlotte 35
Flickenschildt, Elisabeth 37
Forst, Willi 18, 20, 123
Forster, Rudolf 18, 27, 106
Frank, Horst 131, 157
Freund, Karl 62
Frey, Erik 18
Fried, Amelie 9
Fröbe, Gert 23, 129f
Fuchsberger, Blacky 143

G

Gabin, Jean 106
Garbo, Greta 129
Garbor, Eva 100
George, Heinrich 27
Gessner, Adrienne 18
Giller, Walter 203
Gold, Käthe 41
Goldbau, Peter 118
Graeter, Michael 153
Graf, Robert 110
Gray, Nadja (s.a. Nadja Tiller) 47
Gréco, Juliette 125ff
Gribitz, Franz 41
Grimm, Oliver 88f
Gründgens, Gustaf 63
Guitry, Sacha 197

H

Haagen, Margarethe 66
Hansen, Rolf 54, 107
Hantelmann, Ina 95
Harell, Marte 50
Hartl, Karl 30
Hartmann, Paul 18
Hartog, Jan de 134
Hasse, O.E. 22, 107
Hatheyer, Heidemarie 22, 54
Hauptmann, Gerhart 41, 107
Heckroth, Hein 78
Heller, André 150
Heltau, Michael 150
Hofer, Carlo 36
Hoffmeister, Reinhart 149
Hofmannsthal, Hugo von 146
Holt, Hans 30
Holzmeister, Judith 31, 41
Homolka, Oskar 18, 106
Hörbiger, Attila 18, 44
Horney, Brigitte 211
Horváth, Ödön von 41f
Howard, Trevor 85
Hubschmid, Paul 23
Hurdalek, Georg 78
Huston, John 99
Huth, Jochen 20, 63, 65, 130

I

Iltz, Walter-Bruno 23

J

Jacobsson, Ulla 217
Jahn, Rolf 23

Jordan, Egon von 23
Jugert, Rudolf 139
Jugo, Jenny 36
Jürgens, Curd 23, 41, 46f, 50, 88, 102, 125

K

Kaesbach, Karl H. 51, 94
Käutner, Helmut 22, 75, 78, 88, 102
Keindorff, Eberhard 61
Kemp, Paul 35
Kinski, Klaus 80f, 144, 171
Kinz, Franziska 116
Kisch, Egon Erwin 44
Knef, Hildegard 67, 69, 71, 124f
Knittel, John 109, 111
Koch, Marianne 88, 102, 116, 219
Kohner, Paul 88, 100
Koster, Henry 97–101
Kosterlitz, Hermann (s.a. Henry Koster) 96
Kowa, Viktor de 123, 184
Krahl, Hilde 87
Krauß, Werner 19
Kriwitz, Jürgen 154
Krüger, Hardy 65, 124
Kuhlmann, Carl 27

L

La Cava, Gregory 96
Lane, Mara 90
Lang, Lotte 35
Laughton, Charles 40
Leander, Zarah 56
Lelouch, Claude 11
Leuwerik, Ruth 67f, 75f, 150

Liedtke, Harry 123
Lingen, Theo 41f, 82
Lowitz, Siegfried 191
Lueger, Karl 26f

M

MacLaine, Shirley 11
Magnani, Anna 126
Majewski, Hans-Werner 53
Marcellini, Siro 114
Marischka, Georg 82, 123f, 134, 139
Markert, Annie 82
Markus, Winnie 29, 31
Mayen, Herta 35
Mayer, Carl 62
Meinrad, Josef 41
Meredith, Burgess 36
Meyerinck, Hubert von 38
Möller, Gunnar 54
Moog, Heinz 41
Moravia, Alberto 126
Morgan, Michèle 130f
Moser, Hans 18, 20, 22, 25f
Muhl, Edward 100
Müller, Elisabeth 108, 124
Murphy, George 36

N

Nicklisch, Maria 22
Niven, David 101

O

Olden, Hans 18
Ophüls, Max 107

P

Palmer, Lili 84
Parsons, Louella 99

Paulsen, Harald 37f
Peters, Werner 144
Philipp, Gunther 188
Pommer, Erich 69
Powell, Dick 97
Powell, Jane 36
Preminger, Otto 17, 106
Pulver, Liselotte 53f, 102, 118, 170, 175

Q

Qualtinger, Helmut 150

R

Radványi, Géza von 134f, 139
Raky, Hortense 18f
Ramsey, Bill 195
Rasch, Carola 109
Reichmann, Wolfgang 138
Reinhardt, Gottfried 102, 128, 130f
Reinhardt, Max 17, 41, 102
Reiser, Hans 54
Rhein, Eduard 69
Riefenstahl, Leni 55
Riess, Curt 67
Robin, Dany 133
Rogers, Ginger 36
Roth, Maximilian 154
Rühmann, Heinz 94, 115, 129ff
Ryskind, Morrie 96

S

Saint Just 40
Sandt, Nina 113
Schell, Maria 49, 56f, 59, 61, 63–67, 85, 107, 134, 151, 153, 204, 211, 216
Schneider, Romy 85, 94, 107
Schoerg, Maria (Mutter) 13
Schönauer, Marianne 45
Schöner, Ingeborg 93
Schönerer, Georg Ritter von 26
Schott-Schöbinger, Hans 48
Schroth, Carl-Heinz 35, 37
Schündler, Rudolf 35
Seiler, Paul 56
Senftleben, Günter 116
Servaes, Dagny 44
Sibelius, Johanna 61
Sica, Vittorio de 93
Sieber, Josef 55
Simmel, Johannes Mario 67, 134, 136
Sinjen, Sabine 149
Siodmak, Robert 85f, 88
Skoda, Albin 41
Slocombe, Douglas 78
Smyrner, Ann 142
Sokal, Henri R. 118
Sommer, Sigi 104
Stangl, Raimund 95
Stankowski, Ernst 133
Steinhoff, Hans 38
Sydow, Rolf von 151
Szabós, István 82

T

Thiele, Rolf 109, 111
Thimig, Hans 18
Thimig, Helene 41, 44
Thomalla, Georg 35
Tiller, Nadja 49, 55, 70, 110f
Tschechowa, Olga 20
Tschechowa, Vera 128
Turner, Lana 99

U

Ucicky, Gustav 61
Uhlen, Gisela 33
Ulrich, Kurt 118f, 123
Usell, Anna 29

V

Valente, Caterina 94
Van Heflin 99
Versois, Odile 90
Vogel, Peter 201
Völz, Wolfgang 157

W

Waldleitner, Luggi 55f, 110
Wallace, Bryan Edgar 143
Wäscher, Aribert 38
Weigel, Hans 48
Weinert-Wilton, Louis 143
Weiser, Grethe 37
Welles, Orson 78
Werfel, Franz 44
Wery Carl 22, 182
Wessely, Paula 18
Wilder, Billy 99
Wirth, Franz-Peter 116ff
Wyler, William 99

Z

Zanuck, Darryl F. 125f
Zehetbauer, Rolf 130
Ziemann, Sonja 130, 194
Zuckmayer, Carl 41

HEYNE
FILMBIBLIOTHEK

*Unvergeßliche Stars · Große Filme
Geniale Regisseure*

Alan G. Barbour
Humphrey Bogart
32/1

Foster Hirsch
Elizabeth Taylor
32/2

Howard Thompson
James Stewart
32/3

Jerry Vermilye
Bette Davis
32/4

Jerry Vermilye
Garry Grant
32/5

Curtis F. Brown
Jean Harlow
32/6

Alvin H. Marill
Katharine Hepburn
32/8

Romano Tozzi
Spencer Tracy
32/9

Tony Thomas
Gregory Peck
32/11

Curtis F. Brown
Ingrid Bergman
32/12

Michael Kerbel
Paul Newman
32/13

Robert Chazal
Louis de Funès
32/20

Benichou/Pommier
Romy Schneider
32/21

Michel Leburn
Woody Allen
32/23

Gregor Ball
Heinz Rühmann
32/24

René Jordan
Gary Cooper
32/25

Tony Thomas
Burt Lancaster
32/29

Gerald Peary
Rita Hayworth
32/30

Francois Guérif/
Stéphane Levy-Klein
Jean-Paul Belmondo
32/31

Ludwig Maibohm
Fritz Lang
32/32

Robert Payne
Greta Garbo
32/33

Joe Hembus
Charlie Chaplin
32/34

Gregor Ball
Gert Fröbe
32/37

Claude Gauteur/
André Bernard
Jean Gabin
32/38

Roland Flamini
Vom Winde verweht
32/40

Stuart Kaminsky
John Huston
32/41

Leonard Maltin
**Der klassische
amerikanische
Zeichentrickfilm**
32/42

HEYNE
FILMBIBLIOTHEK

*Unvergeßliche Stars · Große Filme
Geniale Regisseure*

Stephen Harvey
Fred Astaire
32/43

Erich Kocian
Die James-Bond-Filme
32/44

Gerhard Lenne
Der erotische Film
32/46

Joseph McBride
Orson Welles
32/47

René Jordan
Clark Gable
32/48

Meinolf Zurhorst/
Lothar Just
Jack Nicholson
32/52

Philippe Setbon
Klaus Kinski
32/53

Christian Hellmann
Der Science-Fiction-Film
32/54

Michael Kerbel
Henry Fonda
32/56

Joan Mellen
Marilyn Monroe
32/57

Gregor Ball
Grace Kelly
32/58

Jeff Lenburg
Dustin Hoffman
32/60

George Morris
Doris Day
32/61

Ulrich Hoppe
Casablanca
32/62

Raymond Lefévre
Sir Laurence Olivier
32/63

Thomas Allen Nelson
Stanley Kubrick
32/64

Meinolf Zurhorst/
Lothar Just
Lino Ventura
32/65

Thomas Jeier
Robert Redford
32/66

Françoise Gerber
Catherine Deneuve
32/67

Norbert Stresau
Der Fantasy-Film
32/68

A. E. Hotchner
Sophia Loren
32/69

Rein A. Zondergeld
Alain Delon
32/70

George Carpozi
John Wayne
32/71

David Dalton
James Dean
32/72

Ronald M. Hahn/
Volker Jansen
Kultfilme
32/73

Michael Feeney Callan
Sean Connery
32/74

David E. Outerbridge
Liv Ulmann
32/75

Ulrich Hoppe
Die Marx Brothers
32/76

John Howlett
Frank Sinatra
32/77

Siegfried Tesche
Die neuen Stars des Deutschen Films
32/78

Leslie Frewin
Marlene Dietrich
32/79

Willi Winkler
Die Filme von François Truffaut
32/80

Robert J. Kirberg
Steve McQueen
32/81

Norbert Stresau
Der »Oscar«
32/82

Gregor Ball
Anthony Quinn
32/83

Willi Winkler
Humphrey Bogart und Hollywoods Schwarze Serie
32/84

Norbert Stresau
Audrey Hepburn
32/85

Frauke Hanck/
Lothar Just
Shirley MacLaine
32/86

Rolf Thissen
Russ Meyer – Der König des Sexfilms
32/87

Roland Lacourbe
Kirk Douglas
32/88

HEYNE
FILMBIBLIOTHEK

Unvergeßliche Stars · Große Filme
Geniale Regisseure

Rolf Thissen
Heinz Erhardt und seine Filme
32/89

Gudrun Lukasz-Aden/
Christel Strobel
Der Frauenfilm
32/90

Bodo Fründt
Alfred Hitchcock und seine Filme
32/91

Gerald Cole/
Peter Williams
Clint Eastwood
32/92

Michael Althen
Rock Hudson
32/93

Michael Feeney Callan
Julie Christie
32/94

Ulli Weiss
Das neue Hollywood
32/95

Norbert Stresau
Der Horror-Film
32/96

Michael Freedland
Jack Lemmon
32/97

Allan Hunter
Walter Matthau
32/98

Herbert Spaich
Maria Schell
32/99

Claudius Seidl
Der Deutsche Film der fünfziger Jahre
32/100

Michael Althen
Robert Mitchum
32/101

Thomas Jeier
Der Western-Film
32/102

Heiko R. Blum
Götz George
32/103

Michael O. Huebner
Lilli Palmer
32/104

Lothar Just
Heyne-Film-Jahrbuch 1987
32/105

Andreas Missler
Alec Guinness
32/106

John Daniell
Ava Gardner
32/107

Meinolf Zurhorst
Robert de Niro
32/108

Andrea Thain
Meryl Streep
32/109

Rolf Thissen
Howard Hawks
32/110

Michael R. Collings
Stephen King und seine Filme
32/112

Allan Hunter
Faye Dunaway
32/113

Lothar R. Just
Film-Jahrbuch 1988
32/115

Claudius Seidl
Billy Wilder
32/116

Friedemann Beyer
Peter Lorre
32/117

Tony S. Camonte
100 Jahre Hollywood
32/118

Hauke Lange-Fuchs
Ingmar Bergman
32/119

Cornelia Zumkeller
Zarah Leander
32/120

Claudio G. Fava/
Matilde Hochkofler
Marcello Mastroianni
32/122

Meinolf Zurhorst
Die neuen Gesichter Hollywoods
32/123

Roland Keller
Die Traumfabrik
32/124

Jerry Vermilye
Barbara Stanwyck
32/125

Ulli Weiss
Sylvester Stallone
32/126

Gudrun Lukasz-Aden/
Christel Strobel
Der Kinderfilm von A–Z
32/127

Claudio G. Fava/
Aldo Vigano
Federico Fellini
32/128

Meinolf Zurhorst
Mickey Rourke
32/129

Lothar R. Just
Film-Jahrbuch 1989
32/130

Friedemann Beyer
Die UFA-Stars im Dritten Reich
32/131

Hinter den Kulissen –
Kino unter die Lupe genommen

Über Außergewöhnliches in der Kinoszene möchte man einfach mehr wissen: Wie werden Kultfilme gemacht? Was verstehen Meisterregisseure von ihrem Handwerk? Was steckt in Literaturverfilmungen?

32/73

19/14

01/6841

01/7751

Wilhelm Heyne Verlag München